LA CITÉ

BULLETIN TRIMESTRIEL

DE LA

SOCIÉTÉ HISTORIQUE ET ARCHÉOLOGIQUE

DU IVe ARRONDISSEMENT DE PARIS

Orbem in urbe vidimus.
(Vieux dicton parisien.)

Tables Décennales

(Janvier 1902 - Décembre 1911)

PAR

A. L'ESPRIT

ARCHIVISTE DE LA "CITÉ"

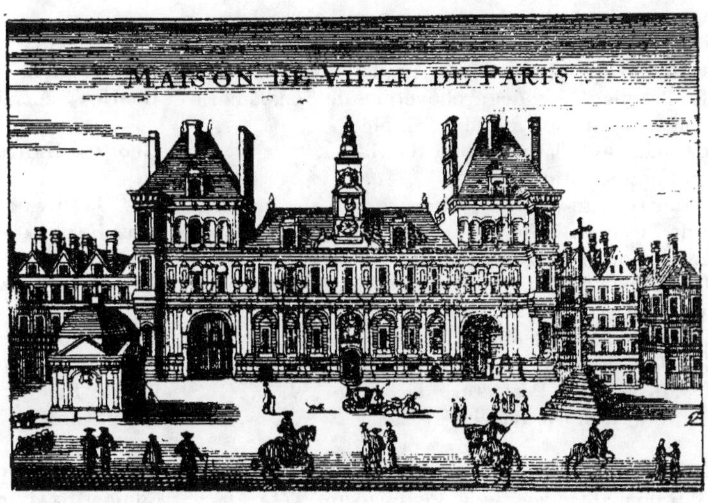

PARIS

LIBRAIRIE ANCIENNE. H. CHAMPION. ÉDITEUR

Expert près le Tribunal

5. QUAI MALAQUAIS. PARIS (VIe)

1912

PUBLICATIONS

DE LA

SOCIÉTÉ HISTORIQUE ET ARCHÉOLOGIQUE

DU IVᵉ ARRONDISSEMENT DE PARIS « *LA CITÉ* »

Bulletins trimestriels de la Société, depuis Janvier 1902

BROCHURES D'ARTICLES EXTRAITS DE CES BULLETINS :

<table>
<tr><td>L'Hôtel de la Vieuville</td><td>Lucien LAMBEAU</td></tr>
<tr><td>Nicolas Flamel</td><td>Paul HARTMANN</td></tr>
<tr><td>L'Hôtel de Savoisy</td><td>A. CALLET</td></tr>
<tr><td>La Mort de la princesse de Lamballe</td><td>Lucien LAMBEAU</td></tr>
<tr><td>L'Ile Louviers</td><td>Cléon DELABY</td></tr>
<tr><td>Les Gardes mobiles du IVᵉ arrondissement en 1870</td><td>Georges HARTMANN</td></tr>
<tr><td>L'Hôtel de Mayenne</td><td>Jules PRIEUR</td></tr>
<tr><td>Les Anciens Jardins du IVᵉ arrondissement</td><td>G. GIBAULT</td></tr>
<tr><td>Anciennes Maisons de la rue du Renard</td><td>Georges HARTMANN</td></tr>
<tr><td>Le Cimetière paroissial de Saint-Gervais</td><td>Lucien LAMBEAU</td></tr>
<tr><td>L'Hôtel Colbert de Villacerf</td><td>Van GELUWE</td></tr>
<tr><td>Ledru-Rollin né place Beaudoyer, à Paris</td><td>Georges HARTMANN</td></tr>
<tr><td>Cérémonie de la pose d'une plaque commémora-
tive sur la maison où naquit Ledru-Rollin</td><td>Id.</td></tr>
<tr><td>L'Hôtel-Dieu et les Sœurs Augustines</td><td>M. GAUTHIER</td></tr>
<tr><td>Le Premier Hôtel des archevêques de Sens, à Paris</td><td>Charles SELLIER</td></tr>
<tr><td>Ancienne maison rue du Temple</td><td rowspan="3">Georges HARTMANN</td></tr>
<tr><td>Le Magasin d'armes de la Bastille</td></tr>
<tr><td>La Famille Titon</td></tr>
<tr><td>Dame Gigogne frère de Titon</td><td>Mᵐᵉ G. DUPRÉ</td></tr>
<tr><td>Une Promenade de Balzac</td><td>Paul HARTMANN</td></tr>
<tr><td>La Chapelle de Saint-Bon</td><td>C. BALOCHE</td></tr>
<tr><td>Un Artiste de l'Ile Saint-Louis : Ch. Rossigneux</td><td>Georges HARTMANN</td></tr>
<tr><td>Voltaire, ses idées sur les embellissements de Paris</td><td>M. H. FUCORE</td></tr>
<tr><td>Le IIIᵉ Arrondissement à vol d'histoire</td><td>Edmond BEAUREPAIRE</td></tr>
<tr><td>Les Inondations de Paris à travers les âges</td><td>A. CALLET et autres</td></tr>
<tr><td>Le Musée de la Préfecture de Police</td><td>REY et FÉRON</td></tr>
<tr><td>La Rue Aubry-le-Boucher</td><td>L. LESAGE et G. HART-
MANN</td></tr>
<tr><td>Un Savant oublié (Honoré Fabri)</td><td>A. CALLET</td></tr>
<tr><td>A propos de la rue de la Femme-sans-Tête</td><td>Edmond BEAUREPAIRE</td></tr>
<tr><td>Le Temple</td><td>PITON</td></tr>
<tr><td>Geoffroy-Dechaume</td><td>A. L'ESPRIT</td></tr>
<tr><td>Le Jeûneur de Notre-Dame</td><td>Id.</td></tr>
<tr><td>Le Cloître Saint-Merry. — L'Hôtel de Roannez</td><td>Georges HARTMANN</td></tr>
</table>

LA CITÉ

—

TABLES DÉCENNALES

LA CITÉ

Société Historique et Archéologique du IVe Arrondissement
de Paris

TABLES DÉCENNALES

DU BULLETIN TRIMESTRIEL DE LA SOCIÉTÉ

(Janvier 1902 — Décembre 1911)

PAR

A. L'ESPRIT

Archiviste de *La Cité*

NOTA. — 1° Ces tables ont été établies en supposant effectuée dans le deuxième volume la correction suivante : *Le Bulletin n° 12 (octobre 1904) a été par erreur paginé 1 à 72 ; il convient de remplacer ces chiffres par 242 à 314.*

2° **Dans** ces tables, le chiffre romain indique le tome ; le chiffre arabe la page dans ce tome.

LISTE DES TABLES

	Pages
Table des matières des six premiers volumes	5
Index alphabétique des auteurs	22
Index alphabétique des principaux sujets traités	24
Table des illustrations	31
Nécrologie	35
Liste des donateurs au Musée ou à la Bibliothèque de *la Cité*	36
Publications de la Société	37
Errata des six premiers volumes	38
Comité de *la Cité*	41
Liste des membres de la Société	42

TABLE DES MATIÈRES

DES SIX PREMIERS VOLUMES

TOME PREMIER (1902-1903)

	Pages
Constitution de la société *la Cité*	1
Statuts de la société	13
Conseil et membres adhérents de la société	17, 324
Dons, musée et salle de travail	23
Les Archives de la préfecture de police, de l'Assistance publique et du Mont-de-Piété	24
Le IVe arrondissement, par A. Callet	26
L'Hôtel du prévôt de Paris, par Charles Sellier	29
A travers le IVe : le Café de la garde nationale. — Maison à pignon au coin des rues Cloche-Perce et François-Miron. — Anciens pavages du quai Henri IV et de la rue de Brissac. — La Porte Saint-Antoine. — Le Logis de Rabelais	51 à 56
Un Vieux logis parisien. — L'Hôtel de la Vieuville, par L. Lambeau	57, 101
L'Illustre théâtre de Molière au Port-Saint-Paul, par A. Callet	63
La Maison de Victor Hugo à la place Royale, par R. Damblemont	65
Les Vieilles enseignes du IVe arrondissement, par A. Callet	81, 150, 529
Le Masque de fer, par Funck-Brentano	89
Le Cimetière Saint-Paul	100
La Fontaine Notre-Dame	100
La Morgue	107
Assemblée générale du 18 mars 1902	108
Conférence, par Augé de Lassus	111
Autour de Notre-Dame, par A. Callet	118
La Commission du Vieux Paris. — Fouilles de la place de l'Hôtel-de-Ville. — Changement des numéros et des noms de rues. — La Chapelle dite de Scarron et les stalles du chœur de l'Église Saint-Gervais. — La Vieille caserne du Petit-Musc, par A. Callet et L. Lambeau	119
Vieux Paris et Paris neuf, par A. Callet	124
Allocation d'une subvention à la société	127

Pages

A travers le IVe : Pourquoi les tours de Notre-Dame sont-elles inégales ? par A. Callet et Pisani................128, 146, 277

Nicolas Flamel, par P. Hartmann............................. 133

A travers le IVe : l'Arrivée de Danton à Paris. — L'Auberge du Cheval-Noir. — L'Étude du procureur Vinot. — La Baignade au quai des Ormes. — Fouilles le long du mur du quai de l'Archevêché. — Les Porteurs d'eau de l'île Saint-Louis. — Le Marché Sainte-Catherine et le couvent Sainte-Catherine du Val-des-Écoliers, par A. Callet.........141 à 157

Un Coin de l'île Saint-Louis. — Le Marché aux poissons d'étang, par A. Callet..................................... 158

La Maison 17, rue Beautreillis, et le cimetière Saint-Paul, par A. Callet...................................... 161

Le Couvent des Billettes, par A. Callet........................ 170

Fouilles au lycée Charlemagne, par A. Callet................... 173

La Commission du Vieux Paris, par L. Lambeau 175

L'Affichage sur les monuments publics et la Fontaine Maubuée. 177

Une Démolition rue Pavée : l'hôtel de Savoisy, par A. Callet. 181, 335

Questions, communications et réponses......................... 191

Tour de l'enceinte de Paris sous Philippe–Auguste, par X..... 197

Un Pérugin à Saint-Gervais, par l'abbé Gauthier............... 202

Le Centenaire de Bichat, par Albert Prieur.................... 207

Une Épave de la Bastille, par Van Geluwe..................... 226

Les Tombeaux des archevêques de Paris à Notre-Dame, par P. Pisani.. 235

A travers le IVe : les Fouilles de la rue Beautreillis. — La Maison des Arbalétriers. — Restauration de Saint-Gervais. — Le Badigeonnage de l'Hôtel de Sens. — Les Bains Vigier. — Le Centenaire de Victor Hugo, par A. Callet 243 à 254

La Mort de Gérard de Nerval, par Victorien Sardou........... 261

La Caserne du Petit-Musc..................................... 274

A travers le IVe : le Masque de fer. — La Carserne du Petit-Musc. — Le Cabaret du Petit-Moulin.— Pourquoi les tours de Notre-Dame sont inégales. — Ave-Via ! — Le Respect des façades artistiques. — Le Cloître des Minimes. — La Grève de la place Baudoyer, par A. Callet................ 273

Jules César et la bataille de Lutèce........................... 286

Anniversaire de la fondation de la Cité; la soirée du 25 novembre 1902.. 288

L'Hôtel Saint-Pol. — Église et charniers Saint-Pol, par Augé de Lassus... 289

Charles V et Duguesclin, par Augé de Lassus.................. 299

La Cité. — Un Nouveau musée, par Léon Riotor............... 321

Assemblée générale du 13 novembre 1902, par A. Callet....... 334

Pages

Souhaits de bienvenue, par M. Mareuse........................ 334
Les Anciens quartiers des IIIe et IVe arrondissements, par
    F. Funck-Brentano.....................I. Bulletin n° 6
A travers le IVe : Acte de baptême de Gérard de Nerval. —
    Agrandissement de la bibliothèque de l'Arsenal. — Acte
    de naissance de V. Sardou. — Inscription de la colonne de
    la Bastille. — La Vente Lelong. — Notre-Dame est-elle
    bâtie sur pilotis ? — Visite aux églises Saint-Gervais et des
    Blancs-Manteaux. — Une Maison de la rue du Cloître-
    Notre-Dame. — Deux Bals à l'hôtel de ville. — Les Hôtes
    du IVe arrondissement. — Vidocq (par G. Hartmann). —
    Les Mouettes du pont Marie, par A. Callet.........341 à 364
Commission du Vieux Paris, par L. Lambeau................. 365
Essais sur la mort de la princesse de Lamballe, par L. Lam-
    beau.................................370, 433, 497
Un Centre intellectuel, par A. L'Esprit...................... 385
L'Ile Louviers, par C. Delaby................................ 405
A travers le IVe : Le Rothschild du quartier Saint-Merry. — Le
    Dernier vignoble parisien. — Le Musée Mickiewicz. — Les
    Collections de Mme Lelong............................... 431
Philippe de Champaigne dans notre quartier, par l'abbé
    M. Gauthier.. 456
Commission du Vieux Paris, par L. Lambeau................. 462
La Maison de Victor Hugo, par L. Riotor.................... 469
L'Éléphant de la Bastille, par P. Hartmann.................. 490
A Travers le IVe : Débordement de la Seine, par A. Callet...... 495
Dans le IIIe arrondissement : L'Hôtel Lepelletier de Saint-
    Fargeau... 515
Anciennes plaques de noms de rue........................... 516
Une Maison historique à la place de Grève : la maison de la
    Lanterne, par A. Callet.............................. 517
Les Fossés de la Bastille, par A. L'Esprit................... 522
Faits divers d'autrefois.................................... 526
Historique de l'hôtel de Genouillac et de la Vieuville, par J. Cou-
    derc... 539
Commission du Vieux Paris, par L. Lambeau................. 546
Correspondance, par Bourdon.............................. 549
Mort de Bibi-la-Purée...................................... 552
F. Bellan... 553
Tables.. 557

TOME II (1904-1905)

La Jeune captive, par G. Tausend........................... 1
L'Hôtel de Richelieu, par H. Vial.......................... 16

                                                                         Pages

Ancienne caserne des Célestins, par A. Callet...............   21
A travers le IVe : l'Exécution de Damiens (par G. d'Heylli). —
    Académie des Inscriptions et Belles-Lettres. — Archives de
    l'Assistance publique. — Musée municipal d'Hygiène. —
    Statues place des Vosges. — Débuts de Mozart à l'hôtel de
    Beauvais.— Calendrier d'un bourgeois du Quartier latin. —
    Rue des Rosiers, 14 et 16.—Extrait des registres de Saint Ger-
    vais. — Anecdote sur le peintre Lebrun. — Paris en 1773,
    par A. Callet..27 à   51
L'Hôtel d'Aumont, par Ch. Sellier.........................   52
Le Musée Adam Mickiewicz, par Gabriel Dauchot............   58
Assemblée générale de *la Cité*...........................   65
Soirée artistique et littéraire de *la Cité*, par L. Riotor.........   74
La Cité et la place Royale, par L. Riotor.....................   75
Hôtel de Lesdiguières, par E. de Ménorval..................   81
Documents des Archives de la Seine relatifs à la Bastille, par
    M. Barroux..   94
Mme Ackermann, par A. Callet..............................   106
Le Théâtre du père Thierry, par Alexandre fils................   110
Parisiens de Paris à l'hôtel Lauzun.........................   113
A travers le IVe: Notre-Dame est-elle bâtie sur pilotis ? par
    C. Delaby. — Jules Allix.— Institutions de sourds-muets et
    d'aveugles dans le IVe. — Les Hôtes du IVe : Th. Gautier,
    F. Boissard, Ch. Baudelaire.—Échos d'autrefois.—L'Enfance
    de Mme de Pompadour, rue de Moussy. — La Flotte de la
    Préfecture. — La Fontaine Maubuée, par A. Callet.......   114
Les Trois Cités, par R. L'Esprit.   129
Le Bureau des marchands merciers, par Ch. Sellier..........   130
Les Vieux noms de rues, par A. Callet......................   133
Quel est l'architecte de l'Hôtel de Ville ? par E. Mareuse, L. Lam-
    beau...   134
Visites à Notre-Dame......................................   138
Sociétés de secours mutuels, rue Saint-Merry, 41, par A.
    L'Esprit.....................................139,   232
L'Établissement des eaux clarifiées, par A. Callet.........144,   303
Hôtel d'Aumont, par Ch. Sellier........................150,   229
Hôtel Jabach, par A. Callet............................161,   253
La Rue de la Verrerie, par A. Demmler.....................   167
L'Église Saint-Merry pendant la première moitié de xviiie siècle.   176
La Police dans le IVe arrondissement au xviiie siècle, par
    G. Hartmann......................................   192
Pour la place Royale, par L. Lambeau.....................   200
A travers le IVe: l'Hôtel Lambert, vente, par A. Dardy. — Le
    Premier bal de la princesse Czartoriska à l'hôtel Lambert.

Pages

par A. L'Esprit. — Le Sinistre de la rue Aubriot. — Les
Inondations de la Seine. — Une Maison de la rue Quincam-
poix. — Le Poète Arvers. — Bourdaloue, par Ch. Sin. —
Sur le vieil hôtel de Moussy, par J. Coudere. — Hôtel de
le Vieuville. — Les Peintres de la Cité, par L. Riotor 203
Le Livre de Victor Hugo, par J. Stirling 219
L'Exécution du comte de Horn, par Jean Court 222
Voies du IVe assujetties à des servitudes spéciales 226
Commission du Vieux Paris, par L. Lambeau 227
Portes d'anciennes lanternes à poulies, par P. Delagarde 228
Aux Quinze-Vingts 229
Ancien acte de société entre boulangers pour fourniture de
pain à l'armée du prince de Condé, par F. Mazerolle 231
Échos d'autrefois 233
L'Usine Mazas 236
Archives de l'Assistance publique, par A. Callet 237, 288
Musée de l'Assistance publique, par A. Callet 239
Isabeau de Bavière au palais de justice, par A. Perrin 243
Une nouvelle Manon Lescaut de la paroisse Saint-Gervais, par
A. Callet 255
Histoire d'un rôtisseur de la rue Saint-Antoine, par P. d'Estrée. 264
Salle de vente rue des Billettes au XVIIIe siècle, par G. Hart-
mann 270
Le Centenaire de la rue de la Mortellerie, par L. Lambeau 276
La Maîtrise de Notre-Dame de Paris, par J. Meuret 279
La Morgue, par C. Delaby 292
A travers le IVe : la Maison de Jehan Le Blanc ; les entours
de la Bastille, par Tarabau. — L'Hôtel Lauzun. — Le Désar-
mement des gabelous. — Réfection des quais de l'île Saint-
Louis. — Concours des balcons fleuris. — La Baillée aux
roses. — Les Jardins aux fenêtres. — Remplacement de
l'Estacade. — Porte provisoire de l'Hôtel-Dieu. — Raccor-
dement du pont Sully et de la rue Saint-Louis-en-l'Ile. —
Le Métro à travers la Cité, par A. Callet ....298 à 315
La Maison de Beaumarchais, par G. Cain et A. Callet 317
Histoire des ponts de l'île Saint-Louis et de la Cité, par
G. Tausend 324
Le Clocher de Saint-Gervais, par A. Callet 347
Le Centenaire du lycée Charlemagne, par A. Callet 351
A travers le IVe : le Métro à travers la Cité. — Polak-Polka. —
Les Ports de Paris. — L'Homme au masque de fer. — La
Musique de la garde républicaine en Amérique. — Un
curé de Saint-Paul, par A. Callet 362

                                                                        Pages

Commission du Vieux Paris ; taille des arbres de la place des
     Vosges   371
Démolitions   373
En dehors du IVe   373
Les Corbeaux de l'île Saint-Louis   374
Assemblée générale de *la Cité*, par A. Callet   376
Le Banquet de *la Cité*, par A. Callet   384
Visite du Palais de justice, de la conciergerie de la Sainte-Cha-
     pelle, par P. Dubois   390
Le Moulin de l'Hôtel-Dieu sur la Seine, par Louis Tesson   397
Un Procès entre la fabrique de Saint-Jean-en-Grève et les frères
     Billettes, par A. Callet   405
Nos quartiers en 1804, par G. Hartmann   409,   514
Le Mail, marché aux pommes, par A. Callet   427
Les Enfants trouvés ; d'Alembert, par A. L'Esprit   434,   616
A travers le IVe : la Place des Vosges. — Vieux papiers de
     l'Hôtel-Dieu, par A. Callet   443
Visite aux Archives nationales, par A. Callet   449
Isolement de la bibliothèque de l'Arsenal, par C. Delaby et
     G. Martin   453
La Bastille, par Augé de Lassus   461
Liste des adhérents ....   464 *bis*
La Bibliothèque de l'Arsenal, par Henri Martin   469
Jules Cousin, par Fernand Bournon   479
La Bastille : fouilles exécutées pour la construction du Métro,
     par Ch. Sellier   483
L'Hygiène à Paris aujourd'hui et autrefois, par A. Callet   495
La Place de Grève, par P. d'Estrée   499
Les Associations ouvrières dans le quartier du IVe en 1850,
     par G. Hartmann   503
Visite de l'église Saint-Gervais, par l'abbé Gauthier   505
A travers le IVe : Fête du 14 juillet 1905. — La Neige du peu-
     plier. — Une Ile perdue. — Les Clefs de la Bastille. —
     Chapelle de la Vierge. — La Dernière Vigne parisienne. —
     Chronique d'autrefois. — Plans de la censive de l'archevê-
     ché de Paris. — Refuge du parvis Notre-Dame. — La
     Morgue. — Osiris à Paris, par A. Callet ....   534 à   543
Les Parcs et jardins du IVe, par G. Gibault   549
Visite de Pie VII à Saint-Louis-en-l'Ile, par A. Delaage   557
Horloge et sonnerie de la Bastille, par A. Callet   565
Les Œuvres d'art dans les églises du IVe arrondissement, par
     L. Lambeau   569
Le Lycée Charlemagne sous le premier Empire, par Prieur   577
Faits divers d'autrefois   591

Pages

Anciennes inscriptions des noms de rues, par G. Hartmann et
  L. Lambeau. 594
La Bastille a failli être démolie avant 1789, par A. Callet. 602
A travers le IVᵉ : le Transfert de la Morgue. — Toilette des
  ponts. — La Sortie du Métro. — Actes de décès de Lar-
  gillière et de Falconnet. — Taille des arbres de la place des
  Vosges. — Exposition de photographies. — L'Hôtel Lau-
  zun, par A. Callet. . . . . .605 à 614
Ile Saint-Louis (sonnet), par J. Couderc. 615
Plaque sur la maison mortuaire de Philippe de Champaigne. . 621
Comité de direction, par P. Hartmann. 622
Tables. 625

TOME III (1906-1907)

Tunnel du Métro sous la Cité, par A. Callet.   5
Bibliothèque des Frères de la Sainte-Croix de la Bretonnerie,
  par A. Demmler. 15
Les Gardes-mobiles du IVᵉ arrondissement en 1870, par G. Hart-
  mann. 19, 155
Le Passage Saint-Pierre, par A. Callet. 52
L'Horloge de Saint-Paul-Saint-Louis, par A. Callet. 59
A travers le IVᵉ : Une Curiosité archéologique végétale (par
  G. Gibault). — Une Maison rue Quincampoix. — Acte de
  naissance de Victor Cousin. — Fragment d'inscription de
  l'ancienne église Sainte-Croix de la Bretonnerie (par Le
  Vayer). — Square de l'Arsenal. — Taille des arbres de la
  place des Vosges (par G. C...). — A propos de la Morgue. —
  En dehors du IVᵉ, l'hôtel Montmorency. — Nécrologie, par
  A. Callet. . . . . .62 à   71
Assemblée générale de *la Cité*. 73
Banquet de *la Cité*, par L. Riotor. 82, 159
L'Hôtel de Hollande, par A. Callet, F. Hardin, A. Hallays,
  Ch. Sellier. 93
Anciennes monnaies trouvées dans la Seine, par F. Michaux. . 120
Hippolyte de Bouroule, par P. d'Estrée. 125
Demeure de la maréchale de Clérambault, par A. Goulay. . . . 136
Les Anciens merciers, par G. Hartmann. 139
L'Hôtel Lambert, par Michaud. 144
Éphémérides du IVᵉ, par G. Hartmann, 147, 213, 311, 360. 492,567, 694
Mort de M. Georges Fabre, par A. Callet. 151
Le Nouveau Maire du IVᵉ arrondissement. 152
L'Isolement de la bibliothèque de l'Arsenal, par C. Delaby. . . . 154

                                                                    Pages

Changement de dénomination de partie de la rue de Sully....   157
La Place des Vosges, par A. Callet......................... .. 157
Hôtel de Mayenne, par J. Prieur...........................   171
Les Fouilles de la Cité, par A. Callet.................... 188,   266
Ports de Paris...   194
Les Cœurs de Louis XIII et Louis XIV, par A. Callet........   195
L'Hôtel de Rohan..   199
Les Anciens jardins du IVᵉ arrondissement, par G. Gibault...   200
Les Grèves en mai 1791, par C. Delaby......................   217
Hôtel de Bisseuil..   221
La Confrérie de Saint-Nicolas, par A. Callet...............   224
A travers le IVᵉ : Démolitions rue Beautreillis (par C. Delaby).
    — La Population du IVᵉ en 1906. — Le Pont Sully et l'esta-
    cade. — La Place Dauphine. — L'Hôtel de Lauzun. —
    Société française de paléologie. — Sous le marché aux fleurs,
    par A. Callet. — Extrait des jugements du Châtelet. — La
    Maison de Beaumarchais (par A. L'Esprit). — Le Fief du
    Grand et Petit Chaumont (par G. Martin)........... 232 à   247
Agrandissement du palais de justice, par A. Perrin..........   253
Hôtel de Lauzun, par A. Callet............................   279
La Jeunesse de Mozart...................................   283
Les Cloches de Saint-Jacques-la-Boucherie, par L. Lambeau...   289
Un Théâtre de verdure à la Bastille en 1791, par G. Hartmann.. 292
Félix Arvers, par A. Callet...............................   303
Un Général momie, par E. Beauguitte......................   317
A travers le IVᵉ : Budé. — L'Expropriation de la rue Grenier-
    sur-l'Eau. — Un apothicaire du IVᵉ arrondissement. — Une
    exécution place de Grève (par C. Delaby). — Une Aven-
    ture de Bassompierre. — Le Complot des tours Notre-
    Dame. — Le Dégagement de la bibliothèque de l'Arsenal.
    Bow-windows et fenestrages. — L'Ancienne école de
    Médecine. — La Parure de Paris. — Nécrologie, par A.
    Callet..   322
Réunion du comité, par P. Hartmann............... 332, 411,   576
Un Vieil hôtel du Marais, par A. Jullien   339
Une Cultuelle à Notre-Dame, par M. Dumoulin..............   353
De la place des Vosges à l'Hôtel de Ville, par Alcanter de
    Brahm   366
Anciennes maisons rue du Renard, par G. Hartmann..........   373
Réparations à la tour Saint-Jacques, par G. Bournon........   391
Michel Pascal, par Pascal................................   396
A travers le IVᵉ : les Travaux du métro. — Le Pont Sully. —
    Legs d'Auguste Comte à l'église Saint-Paul. — L'enseigne :

Pages

Au Blanc-Manteau. — La Disparition de l'Abbaye-aux-Bois, par A. Callet.. 405

Assemblée générale de *la Cité*, par A. Callet............... 412

Le Théâtre de Molière au Jeu de Paume de la Croix-Noire, par Georges Martin.. 423

Population du IVe arrondissement, par G. Hartmann.......... 435

Les Artistes de l'île Saint-Louis. — Les Bail, par L. Riotor.... 445

Anciennes maisons rue du Renard, par G. Hartmann..... 451, 531

Souvenirs d'un vieux Parisien du Marais, par le commandant Roques.. 470

La Caisse Jabach, par G. Hartmann......................... 479

Les Réserves domaniales de la ville de Paris, par A. Callet... 482

La Pompe Notre-Dame, par A. L'Esprit...................... 488

A travers le IVe : le Commerce du bois de chauffage et de construction en 1830 (par C. Delaby). — A la Bastille. — Le Fondateur du journalisme. — Un Oncle de Molière, marchand de soie. — Une Inscription erronée. — L'Estacade. — La Statue de Charlemagne. — La Rue du Petit-Pont. — Exonération et remplacement. — La Rue Du Bellay. — Un Tunnel entre le Palais et le Tribunal de commerce. — Paysages du IVe, par A. Callet.............. 498 à   507

Nécrologie.. 508

Le Feu de la Saint-Jean, par A Callet...................... 511

Commission du Vieux Paris : Suppression de l'hôpital Andral. — Statue de Charlemagne. — L'Hôtel de Canillac. — La Culture Sainte-Catherine, par L. Lambeau................ 517

Le Marché aux fleurs et aux oiseaux, par A. L'Esprit........ 521

Cimetière paroissial de Saint-Gervais et ses charniers, par L. Lambeau.. 547, 629

A travers le IVe : la Cité du temps de Camulogène. — Les Fouilles du métro. — L'Hôpital Andral. — Rue Gérard-Beauquet, par A. Callet................................ 570

L'Exposition de la bibliothèque historique de la ville........ 573

L'Hôtel Colbert de Villacerf. — Le Prieuré de Sainte-Catherine du Val des Écoliers, par Van Géluwe...................... 578

Les Lions royaux des hôtels Saint-Paul et des Tournelles, par A. Callet.. 623

Les Artistes de l'île Saint-Louis : Auguste Boulard, par Davin de Champelos.. 674

Les Anciens billets mortuaires dans le IVe arrondissement, par G. Hartmann.. 684

Th. Gautier à la place Royale, par A. Callet................. 690

A travers le IVe : la Salle d'autopsie de l'Hôtel-Dieu. — Reconstruction du pont Notre-Dame. — Les Ouvrières de la

Pages

paroisse Saint-Paul au xviiie siècle (par L. Lambeau). —
Bernard de Palissy à la Bastille. — Visite à l'exposition de
la Vie populaire à Paris.— Paysages du IVe. — L'Estacade.
— Un Projet d'apaches, par A. Callet .... 703 à   710
Liste des membres de *la Cité*   713
Tables   731

TOME IV (1908-1909)

Ledru-Rollin, par G. Hartmann 3, 85,   89
Un buste à Honoré d'Urfé, par A. Callet   19
Les Cartouchiens, rue Quincampoix, par A. Callet et Funck-
     Brentano   24
Les Filets de Saint-Cloud. — Les Marches de Notre-Dame, par
     A. Callet   37
Un Paysage parisien menacé, par Augé de Lassus   42
La Place Dauphine, par A. Callet   47
Simon Marion, par A. L'Esprit et G. Hartmann   50
Notre-Dame et la Cité, par Alcanter de Brahm   54
Éphémérides du IVe, par G. Hartmann ...58, 159, 254, 363, 447,
                              570, 669,   749
A travers le IVe : la Messe rouge. — Vieux papiers du xviiie siècle.
     — Visite à l'exposition du Livre. — Le Masque de fer. — Le
     Cabaret du Chat qui pelote. — Les Avocats et sainte Cathe-
     rine, par A. Callet ....63 à   69
Échos d'autrefois   70
Inauguration des cours professionnels du Syndicat de la Bou-
     langerie, par A. Callet   73
Comité, par P. Hartmann 73, 176, 271, 467, 580, 680,   760
Assemblée générale de *la Cité*, par A. Callet   75
Conférence de L. Riotor   81
Caserne Napoléon, par P. Hartmann   107
L'Hôtel-Dieu et les sœurs Augustines, par l'abbé M. Gautier. 114,   211
Léon Noël et son chez lui, par Augé de Lassus   127
Un Agent de change rue Pavée-au-Marais, par P. d'Estrée   133
Le Pont Notre-Dame, par A. Breuillé   142
Commission du Vieux Paris, par L. Lambeau 151, 560,   743
La Cité au théâtre, par P. d'Estrée   156
La rue Grenier-sur-l'Eau, par Ph. Dufour   157
La rue Eginhard, par Ph. Dufour   158
Nécrologie 164,   376

A travers le IVe : Départ des sœurs Augustines de l'Hôtel-Dieu.
—Une Bibliothèque spéciale de journaux. —La Corporation
des épiciers. — Les Obsèques de l'archevêque de Paris.
— Subvention à *la Cité*. — Les Maisons modernes et
l'hygiène. — La Rue Pute-y-Musse. — Une Maison capitulaire.— Aux Abords du IVe, par A. Callet . . . . 168 à 175

Premier hôtel des archevêques de Sens à Paris, par Ch. Sel-
lier 179

Hubert Robert : centenaire de sa mort, par G. Hartmann 207

L'Hôtel-Dieu et les Augustines, par Maxime Vuillaume 229

Démolition de l'Hôtel du prévôt, par Ch. Sellier 234

Gérard de Nerval ; centenaire de sa naissance, par G. Hart-
mann 239

Le Déplacement de la Morgue 243

Pour la Morgue, par René L'Esprit 247

Du haut du pont de la Tournelle, par Ph. Dufour 249

Visite à la bibliothèque de l'Arsenal, par P. Hartmann 251

A travers le IVe : les Bureaux des mariages. — Station du
Métropolitain dans la Cité. — L'Hémérothèque. —
Duguesclin, rue de la Verrerie, par H. Vial. — Les Dessina-
teurs de la Cité. — La Tour de Dagobert. — La Rue des
Barres. — Robespierre jeune. — L'Hôtel de Charny, par
A. Callet . . . . 259 à 270

Exposition de la bibliothèque de la Ville 275

Les Chanteurs de Saint-Gervais 275

Ancienne maison rue du Temple. — Le Magasin d'armes à la
Bastille. — La Famille Titon, par G. Hartmann 279

Dame Gigogne, frère de Titon, par Dame Dupré 311

La Symbolique de Notre-Dame de Paris, par Huysmans 326

Pierre Gouthière, par H. Vial 330

Saint-Gervais pendant la Révolution, par P. Hartmann 337

L'Académie de Saint-Luc, par G. Moutailler 341

Le IVe arrondissement à la société de l'histoire de Paris, par
G. Hartmann 346

Les Anciens billets mortuaires, par L. Raulet 349

Faits du IVe relatés dans une étude sur le VIe.—La Rue de Buci,
par M. Fromageot et G. Hartmann 352

Un Musée dans la Cité, par A. L'Esprit 358

Les Cabinets d'histoire naturelle, par G. Hartmann 360

A travers le IVe : Paris au temps des romantiques. — La Rue
des Nonnains-d'Yerres. — Société d'iconographie pari-
sienne, par A. Callet . . . . 367 à 373

La Rue Grenier-sur-l'Eau, par Étienne Charles 374

A propos de la fontaine de Birague, par L. Lambeau 381

Pages

Une Promenade de Balzac, par P. Hartmann...................... 390
Henri IV et Sully à l'Arsenal, par M.-H. Fucore............... 407
Le Foyer du père Duchesne, rue Saint-Antoine, par P. d'Estrée. 417
Charles Rossigneux, par G. Hartmann.......................... 430
Inauguration du monument Honoré d'Urfé à Virieu-le-Grand.. 441
A travers le IV : Le Banquier Jabach. — Bourgeois prenant le
    coche au port Saint-Paul. — Les Polacks. — Le Pont du
    Diable. — Une Visite à l'hôtel Brinvilliers. — L'Isle Saint-
    Louis. — Comité des inscriptions parisiennes, par A.
    Callet................................. 452 à 461
Nécrologie.. 462
Maison natale de Victorien Sardou............................ 465
Assemblée générale de *la Cité*, par P. Hartmann.............. 469
Partie du III arrondissement. — L'Hôtel Mégret de Sérilly, par
    F. Contet... 480
Hôtel de Rohan, hôtel Le Pelletier de Saint-Fargeau, hôtel de
    Soubise, par F. Contet................................. 483
Le Palais de justice d'autrefois, par A. Callet............... 493
La Chapelle de Saint-Bon, par C. Baloche..................... 503
Le Salon de Ninon de Lenclos, par A. Callet.................. 534
Crébillon le Tragique, par P. d'Estrée....................... 537
Maciot, enlumineur, rue Simon-le-Franc, par H. Martin et
    G. Hartmann.. 547
Saint-Pierre-aux-Bœufs, par A. L'Esprit...................... 553
L'Ile Saint-Louis : quais de Bourbon et d'Anjou, hôtel Lambert,
    rue Saint-Louis-en-l'Isle, par Ph. Dufour............... 565
A travers le IV : Extrait de l'histoire journalière de Paris en
    1706. — Le Déplacement de la Morgue. — Les Origines du
    maréchal Gouvion-Saint-Cyr. — La Maison de Law, par
    A. Callet.. 574 à 578
Nécrologie.. 579
Réunion du III arrondissement. Conférence de M. Beaure-
    paire... 583, 682, 764
A travers le III : la Question Louis XVII. — Acte de décès
    de Gavarni, par A. Callet............................... 594
L'Ile Louviers, par Piton.................................... 597
La Prison de la Force, par A. Callet......................... 604
Lieu de naissance de Berthelot, par G. Hartmann............. 617
Le Caporal Thibault, par G. Tausend......................... 619
La Truie qui file, par P. d'Estrée.......................... 631
Le Salon de l'Arsenal, par A. Pavie......................... 635
Rue de l'Hôtel-de-Ville, par Ph. Dufour..................... 644
Lakanal, par G. Hartmann.................................... 648
L'Hôtel de Ville, par Lucien Lambeau et G. Hartmann......... 657

Pages

La Cité aux expositions de peinture, par M. Lotte............ 662
Courbevoie et le IVe arrondissement, par G. Hartmann....... 665
A travers le IVe : le Pont Notre-Dame et le frère Joconde. — La
    Paroisse de Saint-Gervais. — Les Sépultures du Monceau
    (abbé M. Gauthier). — Les Cloches de la Bastille. — Inau-
    guration du buste de P. Meurice. — Le IVe au Conseil muni-
    cipal, par A. Callet............ 673
Voltaire : ses idées sur les embellissements de Paris ; ses
    séjours dans le IVe. — Un Chanoine de Saint-Merry, par
    M.-H. Fucore............ 695
Le Canotage dans le IVe arrondissement, par A. L'Esprit...... 739
La Place Dauphine. — La Place du Pont-Neuf. — Le Pont-Neuf,
    par Ph. Dufour............ 746
A travers le IVe : la Rue de l'Homme-Armé, par F. Bournon. —
    Le Petit Pont. — Les Amis des monuments parisiens. —
    Le IVe au Conseil municipal — Un Musée gothique, par
    A. Callet............ 753 à 759
Nécrologie............ 761
Partie du IIIe arrondissement : les Demeures de Mme de Sévi-
    gné, par Alcanter de Brahm............ 762
G. Sand née rue Meslay, par G. Hartmann............ 779
Le Futur chancelier Pasquier à l'hôtel Lepeletier de Saint-Far-
    geau, par P. d'Estrée............ 786
Transfert des bureaux de garantie sur l'emplacement du Temple,
    par P. Jarry............ 790
Inauguration de l'Exposition consacrée à Paris en 1878........ 793
Liste des sociétaires de *la Cité*............ 795
Tables............ 811

TOME V (1910)

Noël ! Voici Noël, par A. Callet............ 3
La Congrégation des Filles de la Croix-Guéménée, par A. Tuéty. 9
Le Tapissier de Notre-Dame, par E. Daudet et P. de Ségur... 21
Le Premier four à Paris en l'an IIII, par Piton............ 25
Une Maison de la rue Saint-Antoine, par Edmond Beaurepaire. 35
Un Correspondant de Voltaire au Marais et à l'Arsenal, par
    P. d'Estrée............ 42
Le Balcon de Victor Hugo, par L. Lambeau............ 47
Restif de la Bretonne. — Les Mémoires d'un Noctambule, par
    P. d'Estrée et G. Hartmann............ 52
Nicolas Flamel, par H. Hogier............ 62

Pages

La Pointe occidentale de l'Isle Saint-Louis, par Ph. Dufour..... 67
Éphémérides du IVe, par G. Hartmann............68, 187, 282, 393
A travers le IVe : les Coches d'eau (par Bedhet). — Au Conseil
    municipal.— Le Musée de la Conciergerie.— Une Nouvelle
    société musicale à l'église des Blancs-Manteaux. — L'Hor-
    loge du palais de justice. — Projet de couvrir le petit bras
    de la Seine, par A. Callet.................... 74 à 83
Nécrologie....................................... 84
Comité, par P. Hartmann 85, 203
Assemblée générale de la Cité, par P. Hartmann 88
L'Hôtel de Ville, conférence, par Augé de Lassus............ 95
Partie du IIIe arrondissement : les Vieux hôtels du Marais,
    par F. Contet................................. 103
Carnavalet sous la Commune, par Alcanter de Brahm........ 108
A propos de la rue Réaumur, par Ch. Tantet............ 111
Les Inondations de Paris à travers les âges, Cité et Marais.... 115
L'Isle Saint-Louis, par Ph. Dufour.................. 161
Héloïse et Abélard au cloître Notre-Dame, par Mme Jean Ber-
    theroy et M. H. F............................. 163
Grève d'avocats sous Henri IV, par J. Chavanon.......... 169
La Cité aux expositions de peinture, par M. Lotte.........181, 277
A travers le IVe : l'Estacade de l'île Saint-Louis.— Les Marches
    de la place Baudoyer.— Servitudes de la place des Vosges.
    — Reconstruction du pont Notre-Dame. — Feu la rue de
    l'Homme-Armé. — Plaque commémorative sur la maison
    natale de Sardou, par A. Callet.............. 194 à 202
Partie du IIIe arrondissement : le Centenaire de l'église Saint-
    Denis du Saint-Sacrement....................... 206
Nouvelles inscriptions sur les monuments du IIIe arrondisse-
    ment....................................... 206
Disparition de la rue aux Ours.................... 208
Baraques aux abords du Conservatoire des Arts et Métiers... 208
Prolongement de la rue Volta en souterrain............ 211
La Société Jules Cousin........................ 211
Un Cabinet historique......................... 215
La Bibliothèque de l'Arsenal sous la Commune, par Alcanter de
    Brahm..................................... 219
Saint-Julien-le-Pauvre et l'Hôtel-Dieu, par Élie Richard........ 231
Le Musée de la Préfecture de Police, par Rey et Féron......... 243
L'Hôtel d'Yerres et la rue des Nonnains-d'Yerres, par Piton ... 267
Les Livres nouveaux et le IVe arrondissement, par A. Callet.. 270
Quai de Béthune, par Ph. Dufour.................. 281
A travers le IVe : le Quartier Saint-Merry au conseil municipal.
    — Proposition de changer le nom d'une partie de la rue

Pages

Saint-Martin (par G. Hartmann). — Visite à l'Hôtel de Ville
(par A. Bourdeix). — Saint-Saëns, organiste à Saint-Merry
(par A. Jullien).— Les Ponts de la Seine (par G. Bord).— La
Rue de la Femme-sans-Tête (par A. Bourdeix).— Le Tapissier de Saint-Merry. — Les Survivants du bataillon des
gardes mobiles du IVᵉ. — La Porte de l'Hôtel-Dieu, par
A. Callet...................... 287 à   298
Partie du IIIᵉ arrondissement : Inauguration à l'hôtel Le Pele-
tier de Saint-Fargeau de l'exposition consacrée à la trans-
formation de Paris sous le second Empire.................   300
Robert Houdin au Marais, par M. H. F.....................   309
Les Archives sous la Commune   310
Transfert du Service de la Garantie.....................   311
Dégagement du Conservatoire des Arts et Métiers..........   312
Le Cloître Saint-Merri, par G. Hartmann   315
Les Juges-Consuls et le tribunal de commerce, par A. L'Esprit.   354
La Piramide, par A. Perrin.............................   368
Iconographie de la place Royale, par L. Lambeau..........   373
La Rue Chanoinesse, par Ph. Dufour.....................   392
Le IVᵉ au conseil municipal, par G. Hartmann............   399
A travers le IVᵉ : Nécrologe de la paroisse Saint-Paul. — Le
Coin polonais (par L. Chevreuse). — En remontant le passé
(par P. d'Estrée). — Les Éternels échafaudages. — Racine,
paroissien de Saint-Louis-en-l'Isle. — Une Habitante de la
rue des Vieilles-Études victime de la Terreur (par P. Gau-
lot). — Les Pierres de la Bastille. — Un Ouragan dans
l'île Saint-Louis. — Fouilles dans la Cité. — L'Ancien
Palais de Justice, par A. Callet.................. 405 à   413
L'Ancien Temple dans le quartier Saint-Gervais, par Piton...   415
A propos du Tapissier de Saint-Merri, par Piton...........   416
Nécrologie................................   417
Partie du IIIᵉ arrondissement : Au conseil municipal.........   418
Berlioz au Marais.................................   419
Reliquiæ du 21 janvier 1793, par Étienne Charles...........   420
Au Musée Carnavalet..............................   423
Chez les Minimes de la place Royale, par P. d'Estrée........   423
Tables..   425

TOME VI (1911)

A propos de la rue de la Femme-sans-Tête, par E. Beaurepaire.   5
Honoré Fabri, par A. Callet...........................   18
La Rue Aubry-le-Boucher, par G. Hartmann................   26

Pages

L'Hôtel de Chalon et Luxembourg, par Ph. Dufour............ 41

Les Artistes et le IVe arrondissement : Vues de Paris, par
Ch. Jouas. — Les Vieilles enseignes de Paris par J.-J. Dufour,
par G. Hartmann............................ 43

L'Agonie du Vieux Paris, par A. Callet..................... 48

E. Frémiet, par A. Callet............................. 52

Éphémérides du IVe, par G. Hartmann.......... 54, 189, 284, 373

A travers le IVe : Monument à Gérard de Nerval (par P.-N. Roinard). — Le Carrefour Guillori. — Le Tribunal de commerce
va s'agrandir (par O. Pain). — La Dernière lectrice de la
duchesse du Berry au quai d'Orléans. — L'Agrandissement
du square de l'Archevêché. — Une Nouvelle cour des
Miracles. — A propos du Tapissier de Saint-Merry (par
Alcanter de Brahm). — Le Sous-sol de Paris bouge. — A
la Pointe orientale de l'île Saint-Louis. — L'Estacade n'est
plus. — Une Vieille pierre rue du Renard. — La Société
artistique de la Préfecture de la Seine, par A. Callet. 59 à 76

Le IVe au conseil municipal........................... 77

Comité, par A. L'Esprit................... 81, 201, 204, 209

Assemblée générale de *la Cité*, par P. Hartmann............ 83

Nécrologie............................... 96, 207, 388

Partie du IIIe arrondissement : le Nouveau Carnavalet par
René de Valfori.................................. 97

La Société Jules Cousin............................. 99

Maisons classées comme monuments historiques............. 100

La Maison à Tourelle de la rue des Francs-Bourgeois........ 101

Le Temple : ses origines, ses divers déplacements, par Piton. 105

A Propos de l'hôtel Pimodan, de l'hôtel Lauzun, par H. Fucore. 177

L'Hôtel de Beauvais, par Ph. Dufour..................... 188

A travers le IVe : Échos d'autrefois (par A. L'Esprit). — L'Hôtel-
Dieu de Paris (par le Dr M. Labbé). — La Caverne du Palais.
— La Chanson française. — Le Refuge du Parvis Notre-
Dame. — Une Transformation de l'hôtel de ville. — Le Tom-
beau d'Henry du Mont (par P. d'Estrée). — Paris sous vers,
la tour Saint-Jacques par A. Moyne, par A. Callet... 193 à 200

Nouveaux adhérents........................209, 302

Partie du IIIe arrondissement : Inauguration des nouvelles
salles du Musée Carnavalet....................... 210

Exposition d'objets se rapportant à l'histoire de l'hôtel de
ville.. 212

Les Artistes de l'île Saint-Louis : Geoffroy-Dechaume, par A.
L'Esprit...................................... 213

Anarchistes parisiens sous l'ancien régime, par P. d'Estrée.... 227

L'Hôtel de Roannez, par G. Hartmann.................... 237

Pages

Séjour de Mme Tallien à l'île Saint-Louis, par A. Callet........   270
Le Passage Saint-Pierre, par Pierre Delcourt.................   274
Le Centenaire de la naissance de Théophile Gauthier, par P.
    d'Estrée...   278
Les Livres nouveaux : l'Agonie du Vieux Paris, par Maxime
    Vuillaume..   281
A travers le IVe : l'Échafaudage éternel. — Les Tombeaux
    des La Fayette, par A. C. — Le Quai de l'Archevêché, par
    A. C. — Une Dernière épave de la Bastille, par A. C. —
    L'Hôtel de Sens, par G. H. — Le IVe arrondissement au
    conseil municipal, par G. H. — Plaques commémoratives.
    — Le Couronnement d'un roi d'Angleterre à Paris, par G.
    Lefèbre-Pontalis .... 288 à   296
Partie du IIIe arrondissement : l'Exposition de l'hôtel Le
    Peletier de Saint-Fargeau, par M. Poëte.............   303
Le Jeûneur de Notre-Dame, par A. L'Esprit.............   313
L'Hôtel de Chaulnes, par Étienne Charles................   353
La Vente après décès de Rachel, par Victor Dujardin........   359
Les Livres nouveaux : les Actes de Sully, par A. Callet......   365
    —   Notre Quartier sous Louis-Philippe, par
    Paul d'Estrée.....................................   369
A travers le IVe : le Magasin d'armes à la Bastille, par G. H. —
    Comment fut sauvée Notre-Dame sous la Commune, par le
    Dr Thoinot. — Paysages parisiens, par A. C. — Nos Vieux
    airs militaires joués à la place des Vosges. — Une Victime
    de Robespierre à l'hôtel de ville. — L'Orme de Saint-Ger-
    vais, par A. C. — Un Élève du lycée Charlemagne : Arthur
    Bary, par G. Perrot. — A propos d'une vieille maison, par
    Claudien Ferrier .... 377 à 385
Partie du IIIe arrondissement : Un Voleur à l'hôtel Carnavalet,
    par G. H..   391
Les Goguettes en 1827, par A. Callet....................   392
La Commission du Vieux Paris dans les IIIe et IVe arrondisse-
    ments, par L. Lambeau..............................   395
Avis : Table décennale ; Exposition de l'hôtel de ville ; Histoire
    de l'église Saint-Merry ; Assemblée générale.............   401
Tables...   403
Errata...   408

INDEX DES AUTEURS

Alcanter de Brahm, III, 366. — IV, 54, 752. — V, 108, 219. — VI, 72, 93.
A. H. C. — IV, 754.
Alexandre fils, II, 110.
A. T.... IV, 372.
Augé de Lassus. I, 111, 289, 299. — II. 460. — IV. 42. 127. — V, 95.
Baloche (Abbé). IV, 503.
Barroux (M.). II, 94.
Beauguitte (Ernest). III, 317.
Beaurepaire (Edmond), IV, 583, 682, 764. — V, 35. — VI, 5.
Bedhet, V, 74.
Bernard (Armand). IV, 100.
Berry, I, 56.
Bertheroy (Mme Jean), V, 163.
Bourdeix (A.), V, 292. 296.
Bourdon. I, 549.
Bournou (Fernand). II. 479. — III, 391. — IV, 753.
Bouvard, I. 462. — II. 610.
Bréal. II. 32.
Breuillé. IV. 142.
Cain (Georges), II. 317. — V, 270. — VI, 48.
Callet (Albert). I, 51. 63. 81, 118, 119, 124. 127, 141, 150. 158, 161, 170, 181. 243, 253. 334, 363, 449, 517, 529. — II. 21, 27. 43. 65. 105. 110. 117, 133, 144. 161. 209, 237. 239. 255, 278, 319, 347, 351, 376, 405, 427. 449. 495, 534. 549, 565, 602, 605. — III, 5, 52, 55, 59. 74. 93. 152. 157. 188, 195, 224, 266, 279, 303, 309, 322. 326, 405, 413. 482, 500, 506. 507, 511, 570, 624. 690, 703. 711. — IV, 19, 37. 47. 63, 73, 75. 164. 168. 259, 265. 266. 367. 441. 453, 471, 493. 534. 574, 594. 604. 673, 753. — V. 3, 74. 194. 405. — VI, 18, 48, 53, 59, 85, 199, 270. 281, 288, 365. 380, 382. 392.
Charles (Etienne). IV, 374. — V, 302, 420. — VI, 100. 353.
Chateauneuf. VI. 69.
Chavanon (J.), V. 169.

Chevreuse (Louis), V, 406.
Contet (Frédéric), IV, 480. — V, 103.
Coudere (Jules), I, 539. — II, 215, 388, 615.
Court (Jean), II, 222.
Coyecque (E.), II. 307.
Dabot (Henri), II, 40.
Daix, II, 176.
D'Almeras, VI. 369.
Damblemont, I. 65.
Dardanne (A.), IV, 90.
Dardy, II, 204.
Dauchot. II. 58.
Daudet (Ernest), V. 21.
Davin de Champelos, III. 674.
De Brahm, voir Alcanter de Brahm.
Delaage (A.), II, 557.
Delaby (Cléon), I. 405. 526. — II, 46. 114. 292. 453. — III. 154, 217, 232. 324. 498. — IV, 648.
De Lagarde, II. 228.
Delcourt (Pierre), VI, 274.
De Menorval, II. 81.
Demmler (A.). II. 167. — III, 15.
De Reizet, VI, 67.
De Ségur (Pierre). V. 23.
D'Estrée (Paul), II, 264, 448, 499. — III. 125. — IV, 133, 156, 417, 537. 632, 786. — V, 42. 52. 408, 423. — VI. 198. 227, 278, 369.
De Valfori (René). IV, 245. — VI. 97.
De Vorney (G.), III, 159.
D'Heylli (Georges), II. 27.
Dubois (Paul), II. 390.
Dufour (J.-J.), V. 216. — VI. 45.
Dufour (Philippe), IV, 157. 158, 249. 565. 567, 644, 746, 747, 748. — V. 67, 161, 281. 392. — VI, 41. 188.
Dujardin (Victor), VI. 359.
Dumoulin (Maurice), III. 353.
Dupont-Ferrier (G.), IV, 453.
Dupré (Mme G.), IV. 311.
Fabre (G.), I, 5, 108.

Féron, V. 243.

Ferrier (Claudien). VI. 385.

Fromageot (P.). IV. 352.

Fucore (M.-H.). IV. 407. 695. — V. 163. 309. — VI. 177.

Funck-Brentano. I. 89. 339. — IV. 24.

Galli (Henri). IV. 85. 173, 465.

Gaston, V. 405.

Gaulot (Paul). V. 410.

Gautier (Abbé). I. 202. 346. 456. — IV. 114. 214. 676.

Gautier (Théophile). II. 119.

G. C.... III. 68.

Gibault (Georges). II. 549. — III. 62. 200.

Goulay. III. 136.

Hallays (André). III. 100. — IV. 576. — VI. 102.

Hardin (F.). III. 95.

Hartmann (Georges). I. 355. — II. 192. 270. 409. 503. 514. 594. — III. 19. 139, 147. 155. 213, 292, 311. 360. 373. 435. 451. 479. 492. 531. 567. 684. 694. — IV. 3. 51. 58. 93. 159. 171. 207. 239. 254. 279. 346. 352. 360. 363, 430, 447. 547. 570. 617. 655. 657. 665. 669. 749. 779. — V. 52. 68. 187. 282. 315. 393. 399. 417. — VI. 26. 45. 54. 77. 189. 237. 281. 284. 292. 294. 373. 377. 391.

Hartmann (Paul). I. 133. 490. — II. 622. — III. 332, 411, 576. — IV. 74. 107. 176. 251. 271. 337. 390. 467. 469. 580. 680. 760. — V. 85, 87, 88, 203.

Hogier (H.). V. 62.

Huysmans (J.-K.). IV. 326.

Jarry (Paul). IV. 790.

Jouas (Ch.). VI. 43.

Jullien (Adolphe). II. 38. — III. 339. — V. 293.

Labbé (Dr M.). VI. 194.

Labusquière (John). II. 127.

Lambeau (Lucien). I. 57. 101. 119. 369. 433. 497. — II. 138. 200. 276. 569. 600. — III. 289. 517. 547. 629. 705. — IV. 151. 381. 560. 583. 657, 743. — V. 47, 373. — VI. 74. 353. 395.

Laurand (Dr). VI. 62.

Le Corbeiller. VI. 78, 80.

Lefèvre (André). IV. 97.

Lefèvre-Pontalis (Germain). VI. 296. 389.

Lemarchand. IV. 758. — VI. 77.

Lemerle (Abbé). I. 341.

Lépine. I. 24.

Lesage, VI. 28.

L'Esprit (Adolphe). I. 191, 385, 522. — II. 139. 207. 232, 434, 616. III. 242. 488. 521. — IV. 50, 358. 553. 739. V. 197. 298. 354. — VI. 83. 193. 201, 204, 213. 299. 313.

L'Esprit (René). II. 129. — IV, 247.

L. M.... IV. 456.

Le Vayer. III. 66.

Lotte (Maurice). IV. 662. — V. 181, 277.

Marense (Edgar). I. 334. — II. 136.

Martin (Georges). II. 453. — III. 244, 423.

Martin (Henry). II. 469. — III. — 332. 412. — IV. 75, 169. 263. 469. 547. — VI. 83. 94.

Mauger. I. 25.

Mazerolle. II. 231.

M. G.... II. 505.

Meuret (J.). II. 279.

Michaux (F.). III. 120. 144.

Monin (H.). IV. 103.

Monval. I. 63.

Moutaillier (Georges). IV, 341.

Moyne (A.). VI. 200.

Nothing. IV. 631.

Pain (Olivier). VI. 65.

Pascal. III, 396.

Pavie (André). IV. 635.

Perrin (Adolphe). II. 243. — III. 253. — V. 368.

Perrot (Georges). VI. 384.

Pisani (P.). I. 235. 277.

Piton, IV. 597. — V. 25, 267, 416. — VI. 105.

Poëte (Marcel). IV. 367. 469, 793. — VI. 304.

Prieur. II, 577.

Prieur (A.). I. 207.

Prieur (Jules). III, 171.

Quentin (voir d'Estrée).

Ranson, II. 34.

Raulet (Lucien). IV. 349.

Rey. V. 243.

Richard (Élie). V. 231.

Riotor (Léon). I. 321, 469. — II. 74, 218. 384. — III. 83. 445. — IV, 81.

Roinard (P.-N.). VI, 59.

Roques (Commandant). III. 470.

Roujon (Henry), IV, 452.

Sardou (Victorien). I. 261.

Sellier (Charles), I, 29. — II, 52, 130. 150, 483. — III, 108. — IV, 179. 234.
Sin (Charles), II, 213.
Sir Graph, IV, 632.
Sparklet, IV, 458.
Stirling (Julien), II, 219.
Tantet (Charles), V, 111.
Tarabant. II, 300.
Tausend (Georges). II, 1, 253, 324. — IV, 619.
Tesson (Louis). II, 397.

Thoinot (Dr.), VI, 379.
Tuetay (A.). V, 9.
V. M.. IV, 441.
Vachon (Marius). II, 135.
Van Geluwe. I. 227. — III. 578.
Vial (Henri). II, 16. — IV, 264, 330.
Vuillaume (Maxime), IV, 229.
Weber (Pasteur). II, 47.
X.. I, 197. — II. 288.
Ybert (Louis), II, 118.

ABRÉVIATIONS

A. C. . . . . Albert Callet.
A. de B. . . Alcanter de Brahm.
A. L. . . . . Adolphe L'Esprit.
C. D. . . . . Cléon Delaby.
G. C. . . . .
G. H. . . . . Georges Hartmann.
L. L. . . . . Lucien Lambeau.
L. M. . . . . .

L. R. . . . . Léon Riotor.
M. G. . . . .
P. . . . . . .
P. d'E. . . . Paul d'Estrée.
P. H. . . . . Paul Hartmann.
V. M. . . . .
X. . . . . . .

INDEX ALPHABÉTIQUE

DES PRINCIPAUX SUJETS TRAITÉS

Abbaye aux Bois, III. 409.
Abélard. V, 163.
Académie de Saint-Luc. IV. 341.
Ackermann (Mme), II, 106.
Actes de Sully. VI, 365.
Agent de change rue Pavée-au-Marais. IV. 133.
Agonie du Vieux Paris. VI. 48.281.
Airs militaires (Vieux), VI. 381.
Allix Jules. II. 117.
Amis de la Bibliothèque de la Ville de Paris, V, 211.
Amis des Monuments parisiens. IV. 755.
Anarchistes parisiens sous l'ancien régime. VI. 226.
Arbalétriers (Maison des). I, 245.
Archevêché de Paris. II. 538.
Archevêques de Sens. IV. 179.
Archives Nationales, II. 449. — IV, 488. — V. 310.

Arsenal (L'). IV. 369, 407, 635. — V, 42.
Artistes (Les) et le IVe arrondissement. VI. 73.
Artistes (Les) de l'île Saint-Louis, III. 396. 445. 674. — IV, 430. — VI. 213.
Arts et Métiers (voir Conservatoire des)
Arvers, II. 212. — III. 303. — VI, 226.
Assemblées de la Société La Cité, I, 108, 334. — II. 65, 376. — III, 73. 412. — IV, 75, 469. — V. 88. — VI. 83.
Assistance publique : Archives, I. 25. — II. 33. 237, 288. — Musée, II. 239.
Associations ouvrières. II. 503.
Astic (Bal, puis Club de l'), VI, 370.

Aubriot (Rue). II. 209. — Vieil Hôtel. III. 339.

Aubry-le-Boucher (Rue). V. 78. — VI. 26.

Augustines (Sœurs) de l'Hôtel-Dieu. IV. 114. 168, 211. 229.

Avocats (Les) et Sainte-Catherine. IV. 69.

Bail (Les) III. 445.

Bains Vigier. I. 249.

Balcons fleuris, II. 308.

Balzac. IV. 395.

Barres (Rue des). IV. 266. — VI, 117.

Bary (Arthur). VI. 384.

Bassompierre. III. 396.

Bastille. I. 111. — II. 300. — III. 500. 706. — V. 270. — A failli être démolie avant 1789. — II. 602. — Clefs. II. 536. — Clochers. IV. 677. Colonne. I. 343. — Courtine. II. 461. — Documents aux Archives de la Seine, II. 94. — Épaves. I. 226. — VI. 291, 385. — Fossés. I. 522. — Fouilles. II. 461. 483. — Horloge et sonnerie, II. 565. — Magasin d'armes, IV. 279. — VI. 376. — Pierres. V. 412. — Théâtre de verdure. III. 292.

Bataille de Lutèce. I. 285.

Beaumarchais, II. 317. — III. 242.

Beautreillis (Rue). Démolitions. III. 232. — Fouilles. I. 243. — Maison du n° 17. I. 161. — Maison natale de Sardou, V. 202.

Bellan (F.). I. 553.

Berlioz. V. 419.

Berthelot (Marcelin), IV. 617.

Bibi-la-purée, I. 552.

Bibliothèque, de l'Arsenal. I. 342. 397. — II. 453. 469. — III. 327. — IV. 251. — V. 219. — Du Couvent des Frères de la Sainte Croix de la Bretonnerie, III. 15. — Historique de la Ville, I. 398. — II. 479. — III. 573. — IV. 275. 486. 793. — V. 211. 300. de l'Hôtel de Ville. I. 398.

Bichat (Maison mortuaire de). I. 207.

Billets mortuaires. III. 684. — IV. 349.

Billettes (Couvent des). I. 170. II. 405.

Billettes (Rue des). Salle de vente. II. 270.

Blancs-Manteaux (Église des).

Visite. I. 349. — Œuvres d'Art. II. 576. — Société musicale. V. 82.

Bordes (Charles). V. 84.

Borne initiale des mesures itinéraires. VI. 350. 352.

Boulangerie (Syndicat de la). IV. 73.

Boulard (Auguste). III. 674.

Bourdaloue. II. 213.

Bourmon (Fernand). IV. 579.

Brinvilliers (La). IV. 458.

Brisemiche (Rue). IV. 315.

Buci (Rue de). IV. 352.

Budé. III. 322.

Bureau de mariages, IV. 259.

Cabarets : du Chat qui pelote. IV. 68. — De Desmoulins, V. 215. — Du Franc-Pinot, I. 86. — De l'Homme-Armé, I. 152. — Du Lapin-Blanc, III. 11. — Du Petit-Moulin, I. 275. — De la Pomme de Pin. I. 84.

Cabinets d'histoire naturelle. IV. 358. 360.

Café de la Garde Nationale, I. 51.

Caisse Jabach. III. 479.

Canotage dans le IVe arrondissement. IV. 739.

Carnavalet (voir : Hôtel. Musée).

Carrefour Guillori, IV. 62.

Cartouchiens (Les). IV. 24.

Caserne des Célestins, I. 123. 274. 367. 462. — II. 21.

Caserne Napoléon, IV. 107. — VI. 77.

Caserne du Petit-Musc (voir Caserne des Célestins).

Cazac, IV. 166.

Censive de l'archevêché, II. 538.

Centre intellectuel (Un). I. 385.

César (Commentaires de Jules). I. 285.

Chanoinesse (Rue). IV. 174. — V. 392.

Chanson française (La). VI. 96, 196.

Chanteurs de Saint-Gervais, IV. 275.

Charles-V (Rue). IV. 458.

Charles V et Duguesclin. I. 299.

Charlemagne (Statue). III. 503, 518.

Chassé. IV. 134.

Châtelet. II. 292, 542. — III. 241.

Chaumont (Fief de). III. 244.

Chebroux (E.). VI, 96.

Christian (A.), III, 331.

Cimetière Saint-Gervais. III, 546, 629.

Cimetière Saint-Paul, I, 161. — VI, 276.

Cité (Quartier de la). II, 218 — III, 570, 575. — IV, 54, 156. — V, 274, 306. — VI, 93, 310. — Expositions de Peinture (Aux), IV, 662. — V, 181, 277. — Fouilles, III, 188, 266. — V, 413. — Goguettes, VI, 392. — Légendes, IV, 337. — Ponts, II, 324.

Cité (Société historique La) : Constitution de la société, I, 6. — Banquets, II, 384. — III, 82, 159. — Comité (Réunions du), II, 622. — III, 332, 411, 576. — IV, 73, 176, 271, 467, 586, 680, 760. — V, 85, 203. — VI, 81, 201, 204, 299. — Fondation (Anniversaire de la), I, 288. — Liste des membres, I, 17, 109, 324. — II, 465. — III, 513. — IV, 795. — Musée, I, 321. — Statuts, I, 13. — Subventions, I, 127. — IV, 173. — VI, 203.

Cloître Notre-Dame, V, 163.

Cloître Notre-Dame (Rue du), Maison de Fréron, I, 350.

Cloître Saint-Merry, V, 75, 315.

Coches d'eau, IV, 453. — V, 74.

Cœurs de Louis XIII et Louis XIV, III, 195.

Comité des Inscriptions parisiennes, IV, 461. — V, 201. — VI, 294.

Commission du Vieux Paris, I, 365, 462. — II, 227, 371, 609. — III, 517. — IV, 151, 560, 743. — VI, 395.

Comte (Auguste), III, 407.

Confrérie de Saint-Nicolas, III, 224.

Conservatoire des Arts et Métiers, V, 207, 312.

Corbeaux de l'île Saint-Louis, II, 374.

Corlieu, IV, 166.

Cour des miracles (Une nouvelle), VI, 69.

Courbevoie, IV, 665.

Couriot (Edmond), IV, 464.

Cousin (Jules), II, 479.

Cousin (Victor), III, 65.

Crébillon le Tragique, IV, 537.

Culture Sainte-Catherine, III, 519.

Curiosité archéologique végétale, III, 62.

Cyrano de Bergerac, II, 45.

D'Alembert, II, 434, 616.

Dame Gigogne, IV, 311.

Damiens (Exécution de), II, 27.

Danton, I, 141.

D'Arcelles (Gandouffle), I, 431.

Davesne (Louis Alexandre), IV, 761.

De Berry (Duchesse), VI, 67.

De Bouroule (Hippolyte), III, 125.

De Clérambault (La Mareschalle), III, 136.

Defrance, III, 330.

De Heredia, III, 71.

De Horn (Exécution du comte), II, 222.

Delaby (Cléon), VI, 207.

De Lamballe (Mort de la princesse), I, 369, 433, 497.

De Mallevoüe (Actes de Sully), VI, 365.

De Marine, IV, 133.

De Monthyon, V, 240.

De Nerval, I, 261, 341. — IV, 239. — VI, 59.

Dessinateurs de la Cité, IV, 265.

Donateurs. Voir table spéciale.

Du Bellay (Rue), III, 505.

Duchesse de Berry, VI, 67.

Dufresnoy (Gustave), IV, 376.

Du Guesclin, IV, 264.

Du Mont (Tombeau de Henry), VI, 198.

D'Urfé (Honoré), IV, 19, 441.

Eaux clarifiées (Etablissement des), II, 144.

Échos d'autrefois, IV, 70. — VI, 193.

École de Médecine (Ancienne), III, 329.

École Sophie Germain, V, 404.

Eginhard (Rue), IV, 158.

Éléphant de la Bastille, I, 490.

Enceinte de Philippe-Auguste, I, 197.

Enfans sans soucy, IV, 311.

Enfants trouvés, II, 434.

Enseignes (Vieilles), I, 80, 150, 529. — III, 408. — VI, 45.

Ephémérides du IVe arrondissement, III, 146, 213, 311, 360, 492, 567, 694. — IV, 58, 159, 254, 363, 447, 570, 669, 749. —

V. 68. 187. 282. 393. — VI. 54. 189. 284. 372.

Épiciers. IV. 171.

Estacade. III. 236. 502. 710. — V. 76. 194. VI. 73.

Exonération et remplacement. III. 505.

Expositions : Bibliothèque historique, IV. 793. — V. 300. — VI. 303. — Hôtel de Ville, VI. 201, 204. 212, 299. — Du Livre. IV. 66.

Fabre (Georges). III. 151.

Fabri (Honoré). VI. 18.

Falconnet. II. 608.

Fallex (J.-E.). III. 71.

Femme-sans-Tête (Rue de la). V. 296. — VI. 5.

Fernoux. IV. 166.

Fête Nationale. II. 534.

Feu de la Saint-Jean. III. 511.

Filets de Saint-Cloud. IV. 37.

Filles de la Croix Guéménée, V. 9.

Flamel (Nicolas). I. 133. — V. 62.

Fontaine de Birague, IV. 381.

Fontaine Maubuée. II. 128

Force (Prison de La), IV. 604.

Fouilles. II. 461. 483. — III. 188. 266. — V. 413.

Four à Paris (Le premier). V. 24.

Francs-Bourgeois (Rue des). IV. 488.

Frémiet (E.). VI. 52.

Garantie (Bureaux de la). IV, 790. — V. 311.

Garde Républicaine (Musique de la). II. 369 (voir aussi casernes des Célestins et Napoléon).

Gardes-Mobiles du IVe arrondissement. III. 49. 155. — V. 297.

Gautier (Théophile). III, 690. VI. 278.

Gavarni. IV. 594.

Général momie (Un).III, 317.

Geoffroy-Dechaume. sculpteur, VI. 213.

Geoffroy-l'Asnier (Rue). IV. 453.

Gérard-Beauquet (Rue). III. 572

Goguettes (Les) au Marais et dans la Cité. VI. 302.

Gouthière (Pierre). IV. 330.

Gouvion Saint-Cyr (Maréchal). IV. 578.

Gravures (voir table spéciale : illustrations).

Grenier-sur-l'Eau (Rue). III, 323. — V. 157. 374.

Grèves : d'avocats. V. 169. — En 1791, III. 217.

Gui l'an neuf (Au). V. 3.

Héloïse et Abélard. V. 163.

Hémérothèque. IV. 169. 263.

Henri IV. IV. 407. — V. 169.

Homme armé (Rue de l'), IV. 753. — V. 200.

Hôpital Andral. III. 517. 571.

Horloge du Palais de Justice. V. 82.

Hôtels : d'Argent.IV,511.— D'Aumont. II. 53. 159. 229. — De Beauvais. II. 381 — VI. 188. — Bergeret de Trouville. V, 105. — De Bisseul, III, 221. — Brinvilliers. IV. 458. — Camillac. III. 518.— Carnavalet.V,206.— VI,391. — Chalon-Luxembourg. VI. 41. — De Charny.IV,267.— De Chaulnes, VI. 353. Colbert de Villacerf. III. 578. — D'Espernon. IV. 480. — De Genouillac, I. 539. — De Graville, IV, 235. — Hardouin-Mansart. V, 104.— De Hollande. II. 47. — III. 93. — Jabach. II. 161. 253. — III. 479. — Lambert, II. 203. — III. 141. — IV. 567. 725. — De Lauzun. II.1.113.119.301.612. — III. 239, 279. — VI. 177. — Lepelletier de Saint-Fargeau, I. 515. — III. 519. 708. — IV. 486. 786. — V. 207. — De Lesdiguières. II. 81. — De Mayenne. III. 171. — Megret de Serilly.IV, 480. — De Montmorency. III. 70. — Peyrenc de Moras de Saint-Priest. V. 105. — De Pimodan (voir Lauzun). — Du Prévost de Paris. I. 29. — IV. 234.563. — De Richelieu. II. 16. — De Roannez.VI. 237. — De Rohan, III. 199. — IV. 483. — Saint-Paul. I. 289. III. 623. — De Savoisy. I. 181.335.— De Sens. I. 248. — IV. 179.— VI. 292. — De Soubise.IV.488. — De Strasbourg. IV. 483. — Sully.IV. 755. — Des Tournelles. III,623. — De la Vieuville. I. 57. 101, 539. — II. 216. — III. 519. — D'Yerres. V. 267.

Hôtel de Ville (Architecte de l') II.134.137.303.— Bal de 1626. I.

352. — Conférence par Angé de Lassus.V, 95 — Exposition, VI, 203, 204, 212, 299. — Histoire par L. Lambeau, IV, 667. — Transformation, VI, 78.197. Visite, V, 292, 308.

Hôtel-de-Ville (Rue de l'), II, 227, 533.—IV, 644.

Hôtel-Dieu, Annexe, IV, 175.—V, 231. — Buste de Panas, II,225. — Divers, VI, 194. — Gourde trouvée dans les fouilles, II,32. — Moulin, II, 397. — Porte, I, 399. — II, 312. — V, 298. —Salle d'autopsie, III, 503. — Sœurs Augustines, IV, 114.

Hubert-Robert, IV, 207.

Hugo (Victor), Balcon, V, 47. — Centenaire, I, 253. — Livre de, II, 219. — Maison de, I, 66, 469.

Hygiène à Paris, II, 495.

Ile Louviers, I, 405. — III, 498. — IV, 597.

Ile Saint-Louis, I, 144, 158. — II, 305, 324, 374, 535, 615 — III, 396, 445. — IV, 460, 565. — V, 67, 161, 413. — VI,73.

Illustrations des Bulletins de la Cité, voir table spéciale.

Imprimerie Nationale, IV,483.

Inondations, de la Seine, II, 209. — V, 115.

Inscriptions parisiennes (Voir Comité des).

Institutions du Marais, I, 390.

Isabeau de Bavière,II, 243.

Jabach, IV, 452.

Jardins du IV arrondissement (Anciens), III, 200.

Jeu de Paume de la Croix-Noire, III, 423.

Jeune Captive (La), II, 1.

Jeûneur de Notre-Dame (Le), VI, 313.

Joconde (Le Frère), IV, 673.

Jolibois (Pierre), IV, 165.

Jouy (Rue de), V, 404.

Juges-Consuls (Les), V, 354.

Juifs (Quartiers des), V, 77 (Voir Polaks).

La Fayette (Tombeaux des), VI, 288.

Lakanal, IV, 648. — VI, 294.

Lanternes à poulies, II, 228.

Largillière, II, 608.

Lebon (Philippe), V, 76.

Ledru-Rollin, IV, 3, 85, 89.

Legris (Monsieur), VI, 326.

Lelong (Mme), I, 343, 453.

Lions royaux (Les), III, 623.

Louis XIII, Louis XIV (Cœurs de), III, 195.

Louis XVII, IV, 594.

Louis-Philippe (Vie parisienne sous), VI, 369.

Lucas (Hippolyte), V, 230.

Lycée Charlemagne, I, 173, 385, 527. — II, 577, 351. — VI, 384.

Maciot (L'enlumineur), IV, 547.

Mail (Le),II, 427.

Maindron (Maurice), VI, 388.

Maisons : de Beaumarchais, II, 317. — Capitulaire, IV, 174. — Dés Griffons, V, 35.—De Hugo (V.), I, 66, 469. — IV, 678. —De la Lanterne, I,517.— De Jehan Le Blanc, II, 298. — De Law, IV, 578.—De Ledru-Rollin, IV, 3, 85, 89. — De G. Sand, IV, 779. — A Tourelle de la rue Vieille-du-Temple, VI, 101. — De la Truie qui file, IV, 622, 631.

Maisons modernes et l'hygiène, IV, 173.

Malaquin (Eugène), VI, 207.

Marais (Le), I, 391. — IV, 369, 480. — VI, 308, 392.

Marchés : de l'Ave-Maria, II, 36. — Aux Fleurs, III, 240, 521. — Aux Poissons d'étang, I, 158. — Aux Pommes, II, 427. — Sainte-Catherine, I, 146.

Marion (Simon), IV, 50.

Masque de fer, I, 89, 273. — II, 365. — IV, 67.

Mauvais-Garçons (Rue des),V,78.

Merciers(Bureau des marchands). II, 130. — Corporation, III, 55, 139.

Meslay (Rue), IV, 779.

Messe rouge, IV, 63.

Mesures itinéraires (Point initial des), VI, 352.

Métropolitain, II, 314, 352, 606.— III, 5, 405, 570. — IV, 261.

Meurice (Paul), IV, 678.

Michel-Pascal, III, 396.

Minard (Jules), V, 417.

Minimes, I, 283. —V, 423.

Molière, I, 63. — III, 423, 502.

Monceau Saint-Gervais, IV, 676.

Monnaies (Anciennes), III, 120.

Mont-de-Piété. I, 24.
Morgue (La), I, 107. — II, 292, 541, 605. — III, 69. — IV, 243, 375, 576.
Mortellerie (Rue de la). II, 276.
Moussy (Rue de). II, 126, 215.
Mozart. III, 283.
Musées : Carnavalet. V, 108, 423. — VI, 97, 210. — De la Conciergerie, V, 79. — Gothique, IV, 759. — Mickiewicz. I, 452. — II, 58. — De la préfecture de police, V, 243. — Victor Hugo (Voir Maison de).
Nécrologe de la paroisse Saint-Paul. V, 405.
Nécrologie. Voir table spéciale.
Neuve Saint-Merry (Rue). IV, 574.
Ninon de Lenclos. IV, 534.
Nodier (Charles). IV, 635.
Noël ! voici Noël ! V, 3.
Noël (Léon), IV, 127.
Nonnains-d'Yerres (Rue des). IV, 372. — V, 267.
Notre-Dame. I, 118, 343. — II, 114. — IV, 54, 368. — Cultuelle, III, 353. — Maîtrise, II, 279. — Marches, IV, 371. — Œuvres d'art, II, 569. — Symbolique, IV, 326. — (Le Tapissier de). V, 21. — Tombeaux des Archevêques, I, 235. — Tours, I, 146, 277. — III, 326. — Sauvée sous la Commune, VI, 378. — Voir aussi Parvis.
Orme Saint-Gervais, I, 156. — VI, 382.
Osiris, II, 543.
Ours (Rue aux), V, 208.
Palais de Justice, II, 243, 390. — III, 253, 506. — IV, 493. — V, 82, 414. — VI, 196.
Palissy (Bernard). III, 706.
Parcs et Jardins du IVe arrondissement. II, 549.
Paris au temps des romantiques. IV, 367.
Paris sous vers. VI, 199.
Parisiens de Paris. II, 113.
Parloir aux Bourgeois, V, 201.
Parvis Notre-Dame : Échelle, VI, 345. — Fontaine. VI, 317. — Jeûneur. VI, 313. — Refuges, II, 539. — IV, 756. — V, 76. — VI, 197. — Statue de Charlemagne. III, 503.

Pascal (Blaise). VI, 248.
Pascal (Michel). III, 396.
Pasquier (Le Chancelier). IV, 786.
Passage Saint-Pierre. III, 52. — V, 402. — VI, 274.
Pavée (Rue). IV, 133.
Paysages parisiens. VI, 380.
Père Duchesne. IV, 417.
Petit-Musc (Rue du). IV, 174, 182.
Petit-Pont (Le). II, 591. — IV, 754.
Petit-Pont (Rue du). III, 504.
Philippe de Champaigne, I, 456. — II, 621.
Pierres de la Bastille. V, 412.
Places : Baudoyer, I, 283. — V, 197. — Dauphine, III, 237, 711, — IV, 42, 47, 746. — Grève (de), I, 517. — II, 499. — III, 324, 511. — VI, 306. — Pont-Neuf (du), IV, 747. — Royale ou des Vosges. I, 549, 555. — II, 36, 75, 200, 371, 443, 609. — III, 157, 366, 630. — V, 197, 373, 400. — VI, 381.
Plaques commémoratives. IV, 89. — VI, 296. — Noms de rues, I, 516. — II, 133, 594.
Polaks. II, 363. — IV, 455
Police dans le IVe arrondissement. II, 192.
Polonais (Le coin). V, 406.
Pompadour (Mme de). II, 126.
Pompe Notre-Dame. III, 488.
Pont Morland. V, 400.
Ponts de la Seine. V, 294.
Ponts : Pont-Neuf. IV, 748. — Notre-Dame. III, 488, 503. — IV, 142, 456, 673. — V, 199, 403. — Sully. II, 313. — III, 236, 406. — Pont de la Tournelle, V, 403.
Population du IVe arrondissement. III, 236, 435.
Port Saint-Paul. IV, 453.
Ports de Paris. III, 194.
Préfecture de Police : Archives, I, 24. — Flotte (de la), II, 127. — Musée, V, 243.
Princesse de Condé, IV, 70.
Prison de la Force, IV, 604.
Publications de la Société la Cité. Voir table spéciale.
Pyramide (La). V, 368.
Quais : d'Anjou. IV, 565 ; — VI, 221, 226 ; — de l'Archevêché, VI, 290 ; — de Béthune, V, 281 ; — de Bourbon. IV, 565. — de Gesvres, VI, 72.
Quartiers (Nos), en 1804. II, 409, 514.

Quincampoix (Rue). II. 211. — III, 64. — IV. 24.

Quinze-Vingts (Hospice des), II, 229.

Rabelais (Logis de). I. 56.

Rachel (Vente après décès), VI. 359.

Racine. V, 409.

Rane (Arthur). IV. 376.

Réaumur (Rue), V, 111, 208.

Remplacement militaire. III, 505.

Renard (Rue du). III, 373. 451, 531. — V. 401. — VI. 74.

Renaudot (Théophraste). III. 501.

Réserves domaniales de la Ville de Paris. III. 482.

Restif de la Bretonne. V, 52.

Richard (Mgr). IV. 164, 172.

Robert-Houdin. V. 309.

Robespierre, IV, 266. — VI. 383.

Roi d'Angleterre couronné à Paris. VI, 296.

Romantiques (Paris au temps des). IV, 367.

Rosiers (Rue des), II. 43.

Rossigneux (Charles), IV, 430.

Saint-Antoine (Rue) : Incendie de la Truie qui file. IV. 622. — Maison aux griffons, V. 35. — Père Duchesne, IV, 417. — Quoniam, rôtisseur. II. 264.

Saint-Bon (Chapelle de). IV, 503.

Saint-Bon (Rue), IV. 503.

Saint-Denis du Saint-Sacrement. V. 206.

Saint-Gervais (Eglise) (Chanteurs de). IV. 275. — Chapelle de Scarron, I. 121. — Charniers. III. 547. — Clocher. II. 347. — Conférence, IV, 675. — Manon Lescaut de la paroisse, II, 13. — Mlle de Bourdeille, VI, 193. — Missel. I, 547. — Monceau Saint-Gervais, IV. 676. — Œuvres d'art. II. 571. — Orme, I, 156. — VI. 382. — Pérugin, I. 202. — Restauration de, I. 246. — Révolution (sous la). IV. 337. — Visites. I, 346. — II, 505. — Vol. I, 526.

Saint-Gervais (Quartier). V. 399. 415.

Saint-Jacques-la-Boucherie. III. 289. 391.

Saint-Jean-en-Grève. I. 547. — II. 405.

Saint-Julien-le-Pauvre. V, 231.

Saint-Louis-en-l'Ile (Église), II, 557, 573. — V, 409.

Saint-Louis-en-l'Ile (Rue), IV, 567.

Saint-Luc (Académie de), IV, 341.

Saint-Martin (Rue). V, 290.

Saint-Merry (Eglise), II, 175, 572. — IV, 712. — V, 293, 296, 404.

Saint-Merry (Quartier), V, 287, 399.

Saint-Merry (Rue), II. 139. — IV, 452, 574.

Saint-Paul Saint-Louis (Eglise), II, 575. — III, 59. 407, 704. — V. 405.

Saint-Pierre-aux-Bœufs, IV, 553.

Saint-Saëns, V. 293.

Sainte-Catherine du Val des Ecoliers, III, 578.

Sainte-Croix de la Bretonnerie (Couvent). III. 15.

Sainte-Croix de la Bretonnerie (Eglise). III. 66.

Sand (George). IV. 779.

Sardou, I. 342. — IV. 462. 465. — V. 202.

Secours Mutuels (Sociétés de), II, 139, 232.

Seine, I. 495. — IV, 370. — V, 83, 115. — VI. 77. 304. 305.

Sévigné (Mme de). III. 502. — IV. 762.

Simon-le-Franc (Rue), IV, 547.

Société de l'Histoire de Paris, IV. 346.

Société d'Iconographie parisienne. IV. 373.

Société Jules Cousin, V, 211. — VI. 99.

Société de Paléologie, III. 240.

Société artistique de la Préfecture de la Seine, VI. 76.

Souvenir d'un vieux Parisien du Marais, III. 470.

Spuller (Rue). V, 418.

Squares : de l'Arsenal, III. 68 : — de l'Archevêché, V. 402. — VI. 68.

Sully, IV, 407. — VI, 365.

Sully (Rue de). III. 157.

Symbolique de Notre-Dame, IV, 326.

Syndicat de la Boulangerie, IV, 73.

Taillepain (Rue). V, 315.

Tallien (Mme), VI, 270.

Tapissier (Le) de Notre-Dame. V, 21.
Tapissier (Le) de Saint-Merry. V, 296, 416. — VI, 72.
Temple (Histoire du), V, 490.
Temple (L'Ancien), V, 415. — VI, 105.
Terreur (Victime de la), V, 410.
Théâtre de Molière, III, 423.
Théâtre du père Thierry, II, 110.
Thibault (Caporal), IV, 619.
Titon (Famille), IV, 279.
Tours : de Dagobert, IV, 265, 561. — Saint-Jacques, V, 408. — VI, 288.
Transnonain (Rue), IV, 564.
Tribunal de Commerce, III, 506. — V, 354. — VI, 65.
Troisième arrondissement, IV, 583, 682, 762, 764.
Usine Mazas, II, 236.

Vendeur de gris (Le), VI, 330.
Verrerie (Rue de la), II, 167.
Vert (Mme Vve), IV, 167.
Vial (Henri), IV, 579.
Vidocq, I, 359.
Vie parisienne sous Louis-Philippe, VI, 369.
Vieille-du-Temple (Rue), IV, 483, 564. — VI, 101.
Vieilles Étuves (Rue des), V, 410.
Vieux Papiers, IV, 64. — VI, 359.
Vieux Paris (Voir Commission du).
Vieux Paris (Agonie du), VI, 281.
Vignobles parisiens, I, 449. — II, 537.
Volta (Rue), V, 210.
Voltaire, I, 355. — IV, 695. — V, 42.
Wilhem (Statue de), V, 208.
Zadoc-Kahn, III, 72.

ILLUSTRATIONS

ARMOIRIES

NUMISMATIQUES, ETC.

Armoiries de l'abbaye de Maubuisson, VI, 117.
Armoiries anglaises, VI, 113.
Armoiries de Coignart, I, 176.
Armoiries de Foucheret, I, 176.
Armoiries des Merciers, III, 55.
Cachets de la section des Arcis, IV, 520, 521, 523.
Drapeau du district de la Grève, IV, 524.
Drapeau du district des Minimes, III, 302.
Drapeau du district de Saint-Gervais, III, 672.
Jeton de crieur, II, 275.
Médaille de Marie Tudor, III, 122.
Médaille du sacre de Napoléon, II, 426.
Monnaies anciennes, III, 120, 124; VI, 104.
Sceaux des Templiers, VI, 122, 133.

ENSEIGNES

Aux Blancs-Manteaux, I, 155.
Au Chat qui coupe le poil au faignant, I, 534.
Au Franc-Pinot, I, 86.
Le Gagne-Petit, I, 81.
A l'Homme armé, I, 152.
Au Mortier d'argent, I, 88.
A l'Orme Saint-Gervais, I, 157, 168, 202.
Au Palmier Saint-Jean, I, 150.
Aux quatre Sergents de La Rochelle, I, 533.
A la Truie qui file, I, 84.

HOTELS

Aubriot (De la rue), III, 339, 346, 347, 352.
D'Aumont, II, 148, 154; III, 206.
Barbeau, III, 433. — De Beauvais, III, 284. — De Bisseuil (Voir de Hollande). — De la Brinvilliers, IV, 459. — Carnavalet, V, 211. — Chalon et Luxembourg, VI, 41. — De Clisson, II, 450. — De

Hollande, II, 46. — III, 163, 222. —Jabach, II, 163. — Juges consuls (Des), V, 359. — Lamoignon, IV, 139. — Lauzun, II, 3, 8, 613. — La Vieuville, I, 61. — Lembert, III, 396. — Lesdiguières, II, 89. — Mansard, V, 104. — Marion (Simon), IV, 52. — Mayenne, III, 176, 184. — Megret de Sérilly, IV, 482. — Peyrene de Moras de Saint-Priest, V, 106. — Du Prévot, I, 30. — II, 357. — IV, 151. — Roannez, VI, 267. — Rohan, IV, 484. — Saint-Paul, II, 550. — IV, 193. — Savoisie, I, 182, 189. — Sens, I, 248. — Soubise, III, 484. — Sully, VI, 369. — Villacerf, III, 605.

MAISONS

De Beaumarchais, II, 317, 318, 320, 323. — Beautreillis (Rue), n° 17, I, 161. —Birague (Rue de), n° 10, IV, 654 ; n° 20, VI, 295. — Boulevard Henri IV, II, 454. —De la Femme sans tête, VI, 7. — Des Griffons, V, 36, 40. — D'Héloïse et Abélard, V, 168. — Hugo (V.) à Besançon, I, 488. —A la Place Royale, V, 491. —La Chanterie (De Mme de), IV, 403. — Lakanal, IV, 654. — VI, 295. —De Ledru-Rollin, IV, 92. — A pignon, rue Cloche-Perce, I, 54. —Du quai des Orfèvres, III, 255. —De la rue du Temple, IV, 281. — A tourelle du café de la Garde nationale, I, 52. — A tourelle de la rue Vieille-du-Temple, VI, 103. —De la rue de la Verrerie, n° 60, III, 460.

MONUMENTS

Archevêché, II, 257.
Archives nationales, II, 437.
Arsenal, II, 470, 475, 477. — V, 43.
Bastille (La), I, 89, 263. — V, 270 — VI, 229.
Bibliothèque de l'Arsenal (Projet de Façade), II, 456.
Caserne des Célestins, II, 21, 24.
Châtelet (Le), II, 542.

Église (Voir à Saints).
Estacade, V, 147. — VI, 75.
Fontaines : de Birague, IV, 383, 388. — Maubuée, II, 128. — Parvis (du), II, 419. — III, 356.
Hôtel de Ville, I, 352.
Hôtel-Dieu, II, 532. — IV, 62, 115, 118, 119, 122, 124, 217, 219, 223, 229. — V, 233.
Hôtel des Juges consuls, V, 359.
Marché du Temple, IV, 766.
Morgue, IV, 244, 246, 249, 250.
Notre-Dame, I, 174, 278, 346, 484. — II, 439, 527. — III, 353. — IV, 328. — V, 23, 181.
Palais de Justice, IV, 493.
Pyramide de Jean Chatel, V, 371.
Ponts : Arcole (d'), V, 151. — Austerlitz (d'), II, 330. — Estacade, V, 147. — VI, 75. — Grand-Pont (Le), V, 122. — Louis-Philippe, V, 150. — Marie, II, 375. — V, 132. — Meuniers (Aux), V, 127. — Notre-Dame, II, 397. — IV, 148. — Petit-Pont (Le), V, 123. — Rouge, II, 343. — Saint-Louis, II, 337.
Prisons : de la Force, I, 370. — IV, 616. —Du Temple (Voir à Temple).
Saint-Denis-de-la-Châtre, IV, 342.
Saint-Gervais, I, 526. — II, 505, 510. — III, 635. — IV, 706, 711.
Saint-Jacques-la-Boucherie, I, 138. — II, 522. — III, 394.
Saint-Landry, III, 225.
Saint-Louis-en-l'Ile, II, 557. — IV, 568. — V, 162.
Saint-Martin-des-Champs, V, 112.
Saint-Merry, I, 341. — II, 173.
Saint-Paul-Saint-Louis, IV, 382, 388.
Saint-Pierre-aux-Bœufs, IV, 553.
Sainte-Catherine du Val des Ecoliers, III, 584.
Temple (Marché du), IV, 766. — Prison (du), IV, 693, 768, 769, 772.
Tours : Dagobert (de), III, 229. — IV, 266. — Enceinte (d') de Philippe-Auguste, I, 199. — Pet-au-Diable (du), IV, 110. — VI, 107. — Saint-Jacques, II, 522. — III, 394.
Tribunal de Commerce, V, 359, 367.

PLANS

Bastille, I. 231. — IV. 287. — VI, 233.
Bibliothèque de l'Arsenal (Des abords de la), II. 459.
Carrefour Guillori et environs, VI. 63.
Censive de Saint-Merry. III. 377. 456, 543.
Cité (de la partie Ouest). III. 255. — De la Cité au moyen âge, V. 27. 30.
Enceinte de Charles V (De l'), III, 424.
Filles de La Croix et abords, V.8.
Hôtel de Mayenne (Emplacement de l'), III, 171, 181.
Hôtel de Ville et environs, III, 342. — VI, 167.
Ile Louviers. I, 410. — Des inondations, V. 140, 141.
Jardins et Cultures de Paris, II, 554.
Métropolitain dans la Cité. III, 8.
Palais de Justice et abords, IV. 700.
Paris en 1805. II, 409.
Parvis Notre-Dame. VI, 343.
Porte-Barbette. II. 299.
Prieuré Sainte-Catherine (Emplacement du). III, 599.
Prison de La Force et abords. IV, 605.
Quartiers : Grève (de la). IV, 106. Saint-Merry. III. 451, 456. — Saint-Paul, IV, 202. — Saint-Avoye, IV, 308.
Quartiers inondés, V, 140, 141.
Routes Nationales. I. 3. 7. 10. — VI. 348, 349, 350, 351.
Rue Saint-Antoine et la Bastille, IV, 287.
Saint-Bon et ses Abords. IV, 514, 515.
Saint-Denis de La Châtre et environs. IV. 344.
Temple (Emplacement du Vieux). VI, 139. 143. 147. 151. 155, 163.
Théâtre de Molière (Emplacement du). III. 428.

PORTRAITS

Allix (Jules). II. 117.
Bail (Franck). III. 449.
Balzac. IV. 399.
Bellan (Ferdinand), I. 553.
Bichat, I, 211.
Boulard (Auguste). III, 673.
Callet (Albert). IV. 446.
Charles V. I, 303.
Clays (commandant). IV, 777.
Colbert (Marquis de). III, 590.
Cousin (Jules) II, 479.
Crébillon le Tragique, IV, 538.
D'Alembert. II, 434.
De Chaulnes. VI. 354.
De Clisson (Olivier), II, 449. — VI, 51.
De Ménorval, II. 82.
De Monthyon, V, 241.
De Nerval (Gérard), IV. 239.
De Pomponne (Marquis). III, 464.
De Roannez (Duc). VI, 259.
Desgenettes (D'). IV, 422.
D'Harcourt (Comte), III, 178.
D'Urfé (Honoré). IV. 19, 441.
Fabre (Georges). III, 151.
Fabri, VI, 19.
Flamel (Nicolas). I. 134.
Gautier (Théophile). III, 690.
Geoffroy-Dechaume, VI, 215.
Gérard de Nerval. IV. 239.
Gouffier, sieur de Boissy. VI, 243.
Hébert (le père Duchesne), IV. 418.
Henri III d'Angleterre, VI, 119.
Hubert Robert, IV. 208.
Hugo, I, 65. 69. 79. 473.
Jabach. II. 162.
Jullien (Adolphe). III. 349.
Lakanal. IV. 648.
La Trémoille (Duchesse de). VI, 289.
Ledru-Rollin. IV, 9. 13.
Lucas (Hippolyte). V. 230.
Michel-Pascal. III, 399.
Moissery. VI. 265.
Napoléon Ier. II. 513.
Ninon de Lenclos. IV. 534.
Pascal (Blaise). VI. 247.
Père Duchesne. — Voir : Hébert.
Philippe de Champaigne, I, 456. — II. 621.
Rossigneux, IV, 435.
Sand (George). IV. 779.
Sardou (Victorien). IV, 462.
Sully. II. 473. — VI. 367.
Syndic de corporation (Un), III, 141.
Tallien (Mme). VI. 271.
Thibault (Caporal), IV, 619, 624.

Titon, IV, 299, 301.
Titon (Vve) IV, 292.
Voltaire, IV, 698.

VUES DE :

Aubry-le-Boucher (Rue), VI, 27.
Ballets (Rue des), I, 370.
Brisemiche (Rue), V, 347, 348.
Cerisaie (Rue de la), IV, 397.
Charnier Saint-Gervais, III, 635.
Charnier Saint-Paul, I, 244, 247.
Cloître Saint-Merry (Rue du), V, 317.
Eginhard (Rue), IV, 158. — V, 182.
Fèves (Rue aux), III, 12.
Fort d'Issy, III, 44, 46, 47.
Grenier-sur-l'Eau (Rue), IV, 157.
Hôtel-de-Ville (Rue de l'), IV, 645.
Ile Louviers, I, 419.
Ilot de la Cité, III, 227.
Lobau (Rue), IV, 113.
Marchés : au Blé, V, 136. — Aux Fleurs, III, 523, 525. — Aux Pommes, II, 430, 432.
Métropolitain, III, 5.
Minimes de la Place Royale (Couvent des), V, 424.
Miron (Rue François), IV, 92.
Parvis Notre-Dame, II, 620.
Pavée (Rue), IV, 138.
Places : Bastille (de la), II, 329. — Baudoyer, V, 196. — Clamart (de), III, 33. — Grève (de), III, 513. — Parvis (du), II, 620. — Royale, II, 37. — VI, 371.
Pointe de la Cité, VI, 43.
Port Saint-Paul, II, 457.
Princes, à Meudon (Rue des), III, 42.
Quai Pelletier, IV, 330.
Quincampoix (Rue), IV, 29.
Remparts (Promenade des), IV, 775.
Renard (Rue du), III, 539.
Saint-Bon (Rue), IV, 504.
Saint-Louis-en-l'Ile (Rue), IV, 568. — V, 162.
Taillepain (Rue), V, 351.
Tourniquet-Saint-Jean (Rue du), IV, 404.
Transnonnain (Rue), IV, 776.
Vieille-Lanterne (Rue de la), I, 265.

VARIA

Abreuvoir, rue des Lions-Saint-Paul (ornement), I, 149.
Arsenal (Salon de l'), IV, 643.
Aubry-le-Boucher (Projet de construction), VI, 39.
Autographes divers, I, 91, 93, 95, 268. — III, 685.
Balcons-fleuris, II, 309.
Balcon, rue François-Miron, III, 564.
Ballet des Ardents, I, 292.
Bas-reliefs antiques, II, 433, 544. — III, 62, 266, 269.
Billet de la Banque Jabach, III, 478.
Bombarde, II, 470.
Bonaparte (Présentation de la Couronne à), II, 413.
Boutique d'épicier, IV, 394.
Cabaret du Lapin-Blanc, III, 11.
Cabinet de Sully (Plaque de cheminée du), IV, 416.
Canotiers, IV, 741.
Carrosse ancien, II, 65.
Cave, rue de l'Hôtel-de-Ville, 56. — II, 227.
Cernunnos, II, 363.
Cité (La), Composition de Moloch, II, 324.
Cour du Roy Charles V. — I, 309.
Couronne à Bonaparte (Présentation de la), II, 413.
Dame Gigogne, IV, 316, 319.
Dame Ragonde, IV, 324.
Débâcle de la Seine, V, 145.
Dessins d'après des manuscrits, III, 623, 626.
Dessin de Victor Hugo, II, 219.
Eaux clarifiées (Compagnie des), II, 145.
Eléphant de la Bastille, I, 491.
Enfant de chœur, II, 285.
Entrée d'Isabeau de Bavière, II, 248.
Exécution de Foulon, I, 520.
Flesselles (Mort de), V, 271.
Foulon (Exécution de), I, 520.
Gargouille de Notre-Dame, I, 128.
Hugo (Dessin de V.), II, 219.
Hugo (Salon de V.), I, 475.
Isabeau de Bavière (Entrée d'), II, 248.
Lapin-Blanc (Cabaret du), III, 11.

Légende de Saint-Denis, IV, 550.
Lustucru sur son trône, VI, 9.
Lustucru (Destruction de). VI,11.
Magasin d'armes de Titon. IV, 285.
Manuscrit (Planche d'un). IV, 550.
Manuscrits (Lions d'après un). III, 623. 626.
Mascarons. II. 404. 556.
Modes à la Thibaude, IV,630.
Modes en 1804, II, 516, 517.
Moloch (Compositions de) I, 288. — II. 324.
Napoléon (Sacre de). II, 422, 424. 426.
Noël, V. 3.
Orme Saint-Gervais, III, 547, 564.
Parterre en broderie, III, 263.
Père Duchêne (Reproduction d'une page du), IV, 426.

Plaque de cheminée. IV, 416.
Restif de la Bretonne (Planches extraites d'un livre de). V, 54, 55, 58, 59.
Réverbère des berges (Vieux). I, 517. 522.
Sacre de Napoléon. II, 422. 424, 426.
Saint-Denis (Légende de), IV, 550.
Salon de l'Arsenal, IV, 643.
Salon de Victor Hugo, I, 475.
Seine pendant les inondations, V. 148. 149, 150. 151. 152.
Sergent d'armes. III, 579.
Stryge de Notre-Dame, I, 123.
Templiers, VI, 109.
Tombes des victimes de la Bastille, I, 252.
Vignoble parisien (Le dernier), I, 440.

NÉCROLOGIE

Bibi-la-purée, I, 552.
Bordes (Charles). V. 84.
Bournon (Fernand). IV, 579.
Callet (Victor), III. 152.
Cazac. IV, 166.
Chebroux (E.), VI. 96.
Chegaray. I, 336.
Christian (Arthur). III. 331.
Corlieu. IV. 166.
Costaz. II. 79.
Couriot (Edmond). IV, 464.
Davesne (Dr). IV. 761.
Defrance. III, 330.
De Heredia. III, 71.
Delaby (Cléon). VI, 207.
Dufresnoy. IV, 376.
Duval. I. 400.
Fabre (G.). III, 151.
Fallex, III. 71.

Fernoux. IV. 166.
Gainon, I. 192.
Groult (Maxime), I. 336.
Jolibois (Pierre). IV, 165.
Kœnig. I. 400.
Maindron (Maurice). VI, 388.
Malaquin (Eugène). VI, 207.
Minard (Jules). V, 417.
Piperaud. III, 508.
Ranc (Arthur), IV, 376.
Richard (Mgr). IV. 164.
Robert (Ulysse). II. 79.
Rossigneux (Charles), IV, 84.
Sardou (Victorien), IV, 462.
Torlet. II. 79.
Vert (Mme Vve) IV, 167.
Vial (Henri). IV, 579.
Zadoc-Kahn, III. 72.

ERRATA

TOME PREMIER

Page 121. Au lieu de : la Chapelle dite Scarron, lire : la Chapelle dite *de Scarron.*

— 126. Au lieu de : *ce ne serait partout...*, lire : *ce ne seront partout...*

— — Au lieu de : *l'humanitaire* en fera, lire : *l'Humanitairerie* en fera etc...

— 232. Dernière ligne ; après « qui se trouve dans la salle », ajouter *du musée Carnavalet.*

— 405. Au lieu de : on voyait encore *en aval* de l'Ile, lire : *en amont.*

— 463. Au lieu de : M. Moutaillier, lire : M. *Moutaillier.*

— 557. Au lieu de : Fabre (Georges) 3, 108, lire : 5, 108.

— — Au lieu de : Manger, lire *Manger.*

— 561. Au lieu de : les instituteurs, lire : les *Instilutions.*

TOME II

— 46. La signature de l'article sur le peintre Lebrun est *C. D.* au lieu de : O. D.

— 79. Au lieu de : Fouchard-Lafosse, lire : *Touchard-Lafosse.*
Les pages du Bulletin n° 12 ont été, par erreur, paginées de 1 à 72 ; ces numéros doivent être remplacés par 243 à 314 ; les errata ci-après sont faits en tenant compte de cette correction.

— 248. En dessous de la gravure, au lieu de : (1889), lire : (*1889*).

— 276. Au lieu de : le Centenaire, lire : *la Centenaire.*

— 307. Au lieu de : mon cher Mair, lire : *mon cher Maire.*

— 442. Effacer le (1) après les mots : dictionnaire de biographie.

— 448. L'article de P. d'Estrée intitulé « En place de Grève » doit être reporté à la suite de celui, portant le même titre, à la p. 499.

— 547. Dans le sommaire ; au lieu de : Les Parcs et Jardins du IVe, par A. Callet et Dujardin, lire : par A. *Callet et G. Gibault.*

— 549. Avant dernière ligne ; au lieu de : M. Dujardin, lire : *M. G. Gibault.*

— 625. Effacer Andrieux (Marie). 265.

TOME III

Page   6. ligne 2. Au lieu de : au-dessus de la chaussée, lire : *au-dessous*.
— 15, ligne 12. Au lieu de : leur chapelain Robert de Sorbor, lire : *son chapelain Robert de Sorbon*.
— 82. Au lieu de : Pierre Trémouillat, lire : Pierre *Trimouillat*.
— 87. Au lieu de : Frère Panule, lire : Frère *Panuce*.
— 88. Au lieu de : Vanghan, lire : *Vaughan*.
— 91. Dans le sommaire, au lieu de : H. Sellier, lire : *Charles Sellier*.
— 270. Au lieu de : Camulogène, lire : *Camulogène*.
— 271. Au lieu de : Grégoire de Nazianze, lire : de *Naziance*.
— 274, ligne 16. Au lieu de : on en fait volontiers l'eau, lire : *on en boit*.
— 274. Au lieu de : avec des journaux, lire : *avec des fourneaux*.
— 275. Au lieu de : c'était la porte de la Gaule, lire : *c'était la perle*.
— 276. Au lieu de : sceptre en mains, lire : *en main*.
— 282. Au lieu de : 68, rue François-Morin, lire : *François Miron*.
— 397. Au lieu de : Geoffroy Déchaume, lire : *G. Dechaume*.
— 414. Au lieu de : a été affranchi, lire : a été *franchi*.
— 488, en note, lire : *Architecte*, au singulier.
— 558, ligne 19. Au lieu de : venant des fruits, lire *cendant*.
— 667. avant-dernière ligne ; au lieu de 1907. lire : *1707*.
— 706. Au lieu de : Bernard de Palissy, lire : *Bernard Palissy*.
— 720. Au lieu de : Gibeault, lire : *Gibault*, bibliothécaire de la Société Nationale *d'Horticulture*.
— 731. première ligne. Au lieu de : d'après, lire : *après*.

TOME IV

— 21. Au lieu de : en l'Hôtel de l'amiral de Coligny où il fut assassiné, lire : *en l'hôtel où l'amiral de Coligny fut assassiné*.
— 55. Au lieu : d'ordre conique, lire : d'ordre *ionique*.
— 57. C'est par erreur que l'article sur Notre-Dame et la Cité n'est pas signé : *Alcanter de Brahm*.
— 83. Au lieu de : du graveur Geoffroy-Dechaume, lire : du *sculpteur*
— 121. En dessous la gravure effacer : *Les Cagnards de l'Hôtel-Dieu*.
— 531. Au lieu de : Histoire de Paris écrite en 1853, lire : en *1825*.
— 623. ligne 9. Au lieu de : graduellement, lire : *actuellement*.
— 686. *in fine*. Au lieu de : frère du roi Louis XVIII, lire : *Louis XIV*.
— 741. *in fine*. Au lieu de : Maison Vilmovin-Andrieux, lire : *Vilmorin*.
— 759. Au lieu de : quai du Marché-Neuf, lire : quai de *l'Archevêché*.

TOME V

— 6. Au lieu de : Malgré la simplicité du lieu, lire : la *sainteté* du lieu.
— 6. Au lieu de : mémoire paru sous la Révolution, lire : *sur* la Révolution.

Page 20. Au lieu de : et une troisième mansardée, lire : et *un troisième mansardé*.

— 29. Dans la note 2. Après : (nom mal lu, suivant nous, *fermer la parenthèse*.

— 113. Dans le titre. Au lieu de : n° 35, lire : n° 34.

— 204. Au lieu de : prince Czartoresky, lire : *Czartorisky*.

— 221, *in fine*. Au lieu de : jeté en hâte à la porte, lire : à la *poste*.

— 236, ligne 1. Au lieu de : se résumaient en, lire : se *réunissaient dans*.

— 284, *in fine*. Au lieu de : boueux et inexplicable, lire : et *inextricable*.

TOME VI

— 59, *in fine*. Au lieu de : P. R. Roinard, lire : *P. N. Roinard*.

— 100, 8° ligne. Au lieu de : puisqu'elle a cédé, lire : *puis qu'elle a cédé*.

— 106, 23° ligne. Au lieu de : du mois le Tour, lire : *du moins le Tour*.

— 116, *in fine*. Le renvoi (1) doit être placé après les mots : *jadis, etc.* (1).

— 127, 1° ligne. Le renvoi (1) doit être placé après les mots : *justice d'Irlande* (1).

— 128, 1° ligne. Le renvoi (1) doit être placé après : *de Badellesmère* (1).

— 130, dernière ligne avant les notes. Le renvoi (4) doit être placé après les mots : *à Chartres* (4).

— 157, 3° ligne. Au lieu de : main non pour, lire : *mais non pour*.

— 200, au 2° vers. Au lieu de : les nuages grise, lire : *les nuages gris*.

— 316, 24° ligne. Au lieu de : lieu privilégié ou, lire : lieu privilégié *où*.

— 317, 13° ligne. Au lieu de : Une édicule, lire : *Un édicule*.

— 404, ligne 2°. Au lieu de Honoré Fahi, lire : Honoré *Fabri*.

— 405, au milieu de la page ; au lieu de Paris sous verre, lire : sous *vers*.

— 408, ligne 2° des errata. Au lieu de : Page 500, lire : Page 100.

LA CITÉ
SOCIÉTÉ HISTORIQUE ET ARCHÉOLOGIQUE
DU IVe ARRONDISSEMENT DE PARIS

CONSEIL

Président.......... M. Henry Martin, administrateur de la Bibliothèque de l'Arsenal.

Vice-Présidents ... MM. Georges Hartmann, président honoraire de divers Syndicats et Sociétés Savantes.
Lucien Lambeau, secrétaire de la Commission du Vieux Paris.

Secrétaire général. M. Alb. Callet, publiciste.

Secrétaire-adjoint.. M. Paul Hartmann.

Archiviste.......... M. L'Esprit.

Trésorier........... M. Marchal, employé à la Mairie du IVe, entresol de 11 heures à 5 heures.

Membres d'honneur

Augé de Lassus, publiciste.
Dardanne, maire du IVe arr.
Davenne, docteur en Médecine.
Le Directeur de l'Assist. publ.
Le Directeur du Mont-de-Piété.
Funck-Brentano (F.), bibliothécaire à l'Arsenal.

Hallays (A.), rédacteur aux *Débats*.
Poëte, conservateur de la Bibliothèque de la Ville.
Le Préfet de Police.
Le Préfet de la Seine.

COMITÉ DE DIRECTION
Membres de droit :

Badini-Jourdin, conseiller municipal.
Barbary, maire-adjoint du IVe arrondissement.
Failliot, député.
Galli (H.), conseiller municipal.

Le Corbeiller, conseiller municipal.
Le Marchand, conseiller municipal.
Roussy (D^r), maire-adjoint du IVe arrondissement.

Membres élus :

Bourdeix, architecte à la Préfecture de Police.
Callet (A.), publiciste.
Couderc, antiquaire.
Dubois (P.), sous-chef à la Préfecture de Police.
Flandrix, sculpteur.
Gaultier, curé de Saint-Gervais.
Hartmann (G.), industriel et publiciste.
Lambeau (Lucien), chef de bureau à l'Hôtel de Ville.
L'Esprit, sous-chef en retraite à la Préfecture de la Seine.

Louar, artiste dramatique.
Martin (Henry), administrateur de la Biblioth. de l'Arsenal.
Moutaillier, imprimeur d'art.
Pages, juge au Tribunal de Commerce.
Quentin (Paul d'Estrée), publ.
Raymond-Barbaud, architecte.
Rey, archiviste-adjoint de la Préfecture de Police.
Riotor (L.), homme de lettres.
Sellier, conservateur-adjoint au Musée Carnavalet.
Tourneux (Maurice), homme de lettres.

Commissaires du quartier :

Arsenal : MM. Bourdeix, archit.
Notre-Dame : Riotor (Léon), publiciste.

St-Gervais : M. Lotte (M.), archit.
St-Merri : M. Jarry (P.), publ.
Le Marais : M. Van Geluwe.

Adresser toutes communications et lettres à M. Marchal, à la Mairie du IVe

ADHÉRENTS A " LA CITÉ "

(Décembre 1911)

A

Ach. joaillier, rue de la Verrerie, 34.

Achille, conseiller municipal de Paris, boulevard Beaumarchais, 37.

Alcanter de Brahm, publiciste, rue de Vaugirard, 227.

Allix, avocat, boulevard Saint-Germain, 23.

Alleaume, banquier, rue Saint-Antoine, 31.

Alleguède, directeur de la maison Violet, boulevard Morland, 4.

Allioli, quai de la Mégisserie, 16.

Alméras, sculpteur, rue Étienne-Bas, 2, à Argenteuil (S.-e.-O.).

Alméras (D'), critique littéraire, rue Alphonse-Daudet, 2.

Angot, entrepreneur de maçonnerie, rue Saint-Louis, 82.

Azur, agence, boulevard Sébastopol, 24.

Archevêque de Paris (Mgr l'), rue de Bourgogne, 50.

Arnaud, chef du matériel à la Préfecture de la Seine, Hôtel de Ville.

Arnette, avocat, quai de Béthune, 28.

Arpin, chimiste, quai d'Anjou, 7.

Assistance publique (Administration de l'), avenue Victoria, 1.

Aubert, receveur des postes, rue de Rivoli, 36.

Audistère, pharmacien, rue de Rivoli, 20.

Augé de Lassus, publiciste, rue de Passy, 78.

Augouard (Mme), place des Vosges, 21.

Aurand, administrateur d'immeubles, rue de Rivoli, 15.

Avezou, docteur-médecin, rue du Renard, 32.

B

Babeau, membre de l'Institut, boulevard Beaumarchais, 133.

Bachelet, industriel, rue des Archives, 12.

Badini-Jourdin, conseiller municipal de Paris, rue Margueritte, 2.

Baduel, rue de Rambuteau, 11.

Baggers, chef d'orchestre, rue des Archives, 36.

Balas, rue Lafayette, 211.

Ballauf, négociant, rue Beautreillis, 22.

Bally, industriel, rue de Birague, 16.

Baloche, premier vicaire de l'église Saint-Merri, rue de la Verrerie, 76.

Barbary, architecte, ancien adjoint du IVe arrondissement, rue de Rivoli, 92.

Barbaud, architecte, boulevard Henri-IV, 2.

Barbey-Duquil, rue Jouffroy, 6.

BARDOU, négociant, boulevard Sébastopol, 12.

BARGALLO, pharmacien, rue d'Allemagne, 94.

BARON, artiste-peintre, rue des Tournelles, 60.

BARRE (Mme), rue du Temple, 15.

BARRÉ, sous-chef en retraite de la Préfecture de la Seine, rue Férou, 9.

BARROUX, archiviste de la Seine, quai Henri-IV, 30.

BAUBE, industriel, rue Sainte-Croix, 19.

BAUSSAN, géographe, boulevard Saint-Germain, 9.

BEAUMONT, entrepreneur de serrurerie, rue du Pont-Louis-Philippe, 7.

BEAURAIN, gérant d'immeubles, rue Castex, 3.

BEAUREPAIRE, bibliothécaire, rue de Sévigné, 29.

BELLAN, propriétaire, place des Vosges, 7 *bis*.

BELLISSENT, critique d'art, quai d'Anjou, 27.

BEMENT, boulevard Malesherbes, 13.

BENOIST (Mlle), rue Bretonvilliers, 3.

BÉRANGER, contentieux, boulevard Beaumarchais, 12.

BERTHE, pharmacien, rue Saint-Antoine, 71.

BERTIN, peintre-décorateur, rue Saint-Antoine, 18.

BERTOT, architecte, boulevard Henri IV, 1.

BESNARD, architecte, mairie du XVIIIe arrondissement.

BIBLIOTHÈQUE MUNICIPALE DU IVe ARRONDISSEMENT, mairie du IVe arrondissement.

BIBLIOTHÈQUE DU CONSEIL MUNICIPAL, Hôtel de Ville.

BILCOCQ (Mme), rue de Rivoli, 14.

BINET, médecin en chef des Quinze-Vingts, boulevard Henri-IV 33.

BITTARD-MONIN, comptable, rue Chomel, 4.

BLANCHARD (Mme), directrice de l'école communale, rue Saint-Merri, 29.

BLOCH, directeur de l'école Bischoffeim, boulevard Bourdon, 13.

BOINET, archiviste paléographe, quai d'Orléans, 40.

BOIRE, directeur de *l'Avenir du Prolétariat*, rue Pernelle, 8.

BOISSAY, ancien officier, rue Miromesnil, 15.

BONHOURE, conducteur municipal, mairie du IIIe arrondissement.

BONNARD, architecte, rue Saint-Martin, 233.

BONNIER, directeur administratif des services d'architecture et des promenades et plantations de la Ville de Paris, rue de Berlin, 31.

BONTEMPS, fabricant de bronzes, place des Vosges, 5.

BONVALLET, comptable, rue Malher, 12.

BORREL, encadreur, rue Saint-Antoine, 16.

BOUDELOT, employé à la Préfecture de police, rue Saint-Antoine, 31.

BOUDIER, négociant, rue de la Verrerie, 54.

BOULANGER, quai Bourbon, 21.

BOURDEIX, architecte, boulevard Morland, 7.

BOURDES, ancien juge au tribunal de commerce, rue Garancière, 10.

BOURDILLON, secrétaire de rédaction, rue d'Enghien, 2.

BOURGUIGNON, avocat, rue de Rivoli, 18.

BOURSE, numismate, rue Bautreillis, 6.

BOUSSINGAULT, essayeur à la Monnaie, quai aux Fleurs, 3 *bis*.

BOUTILLON, receveur de rentes, boulevard Sébastopol, 94.

Bovet de Courpon (Mme de), rue de Rivoli, 9.

Boyer, industriel, rue de Sévigné, 28.

Brasseur (Mme), confiseur, rue de la Verrerie, 4.

Braun, notaire, avenue Émile-Zola, 12, au Parc Saint-Maur (Seine).

Bret, employé à l'église Saint-Louis, quai des Célestins, 42.

Breuille, rédacteur au *Rappel*, rue de Charenton, 30.

Brian, papetier, rue d'Arcole, 23.

Bridan, avocat à la cour d'appel, rue Bonaparte, 70.

Brisolier, publiciste, rue des Rosiers, 3 *ter*.

Brodart, antiquaire, boulevard Saint-Germain, 173.

Brossard, docteur-médecin, rue de Rivoli, 74.

Brouard, officier supérieur retraité, boulevard Morland, 4.

Buant, employé, rue Saint-Paul, 5 *bis*.

Buchet, directeur de la Pharmacie centrale, rue de Jouy, 7.

Busson, limonadier, place de l'Hôtel-de-Ville, 11.

C

Cabanès (D^r), *la Chronique médicale*.

Cagé, principal clerc d'avoué, boulevard Morland, 16 *bis*.

Cain (Georges), conservateur du musée Carnavalet, rue de Sévigné, 23.

Callet, publiciste, rue Violet, 41.

Callet (Mme), rue Violet, 41.

Cambours, docteur-médecin, quai de Béthune, 28.

Casidanus, architecte, rue Beautreillis, 22.

Caze, fabricant de meubles d'art, rue Charles-V, 8.

Chabagny, employé à la Ville, quai Bourbon, 45.

Champion, libraire, quai Malaquais, 5.

Chanée, négociant, rue de Cléry, 25.

Chantrel, industriel, rue du Roi-de-Sicile, 26.

Chapelet, caissier à la Compagnie P.-L.-M., rue du Petit-Musée, 25.

Chapus, bijoutier, rue de Rivoli, 86.

Charles (Mme), rue de Rambuteau, 6.

Charmaison, peintre, quai d'Anjou, 13.

Chassaing, négociant, avenue Victoria, 6.

Chasset, entrepreneur de menuiserie, rue François-Miron, 10.

Charvin (Abbé), directeur de l'école Massillon, quai des Célestins, 2.

Chéronnet, libraire, rue des Grands-Augustins, 19.

Cherrière, capitaine aux sapeurs-pompiers, rue de Sévigné, 7.

Chevreux, inspecteur général des archives et des bibliothèques, quai de Béthune, 20.

Cholet, docteur-médecin, rue Saint-Antoine, 1.

Choquet, artiste peintre, quai Bourbon, 25.

Cillié, président de la Société des représentants et voyageurs parisiens, rue Bertin-Poirée, 9.

Cléret, architecte, quai d'Anjou, 13.

Closset, architecte, rue du Renard, 6.

Cogrel, docteur-médecin, rue du Trésor, 6.

Comar, rue des Fossés-Saint-Jacques, 20.

Comte, directeur de la maison Carret frères, boulevard Morland, 21.

Conche, imprimeur, rue des Archives, 60.

Coqueret, maroquinier, rue Vieille-du-Temple, 50.

Corbassière, rue Lafayette, 130.

CORITON, docteur-médecin, rue Nicolas-Flamel, 3.

COTILLON, étudiant, rue du Cloître-Notre-Dame, 6 bis.

COTTIN, négociant, rue du Cloître-Saint-Merri, 4.

COTTIN, négociant, rue Saint-Martin, 9.

COUDERC, antiquaire, rue Saint-Paul, 4.

CORNOL-DUCOUDRAY, publiciste, quai Bourbon, 21.

COURT, commissaire de police, rue de Rivoli, 21.

COYECQUE, sous-chef de bureau à la Préfecture de la Seine, rue Morère, 3 (XIVe arrondissement).

CRAVOISIER, miroitier, rue Saint-Martin, 181.

CRUET, docteur-médecin, place des Vosges, 2.

CUTTING (Mme), avenue des Champs-Élysées, 73.

CUVILLIER, architecte, quai de Béthune, 24.

CZARTORYSKI (Prince), rue Saint-Louis-en-l'Ile, 2.

D

DAMBLEMONT, directeur d'école communale, place des Vosges, 6.

DARAGON, éditeur, rue Blanche, 98.

DARDANNE, maire du IVe arrondissement de Paris, quai d'Orléans, 42.

DARTHUY, architecte, boulevard Henri-IV, 45.

DAUBOURG, architecte, quai Bourbon, 43.

DEBAUVAIS, entrepreneur de peinture, rue Beautreillis, 16.

DEBERGHES, métallurgiste, rue Pelléport, 8.

DEBROCQ, photographe, rue Saint-Antoine, 97 et 99.

DECROIX, graveur, rue Sainte-Croix, 39.

DÉCRET, rue Cortambert, 68.

DELAAGE, curé de l'église Saint-Louis, rue Saint-Louis, 11.

DELABROUSSE, receveur-percepteur du XIe arrondissement, boulevard Pereire, 140.

DELARUE, rue André-Gill, 4.

DELCHAPPE, employé de commerce, passage Saint-Paul, 6.

DELMAS, tapissier, rue Le-Regrattier, 4.

DEL POZO, confiseur, rue des Archives, 66.

DÉMOGÉ, directeur des Galeries-Réunies, rue des Archives, 66.

DENEEV, employé de commerce, rue du Gaz, 77.

D'ENFERT, ancien négociant, avenue Henri-Martin, 33.

DENIS, rue de Bretagne, 69.

DEPLANCHE, rue de Rivoli, 13.

DES CROIX, négociant, rue de la Verrerie, 34.

DESNOS, mandataire aux halles, rue Saint-Martin, 11.

DESOUCHES, négociant, rue Geoffroy-l'Asnier, 30.

DESRUELS, négociant, rue de l'Hôtel-de-Ville, 38.

DETURCK, avocat, avenue Victoria, 7.

DEVINAT, ingénieur, rue du Roi-de-Sicile, 26.

DIOTEL, docteur-médecin, rue Saint-Antoine, 11.

DIMEY, limonadier, rue Saint-Martin, 10.

DONDAINE, négociant, rue Michel-Lecomte, 19.

DORBON, libraire, rue de Seine, 6.

DORET, négociant, rue Budé, 6.

DOUCET, collectionneur, rue Spontini, 19.

DOYEN (Mme), veuve du colonel Napoléon Doyen, à Vineuil (Oise).

DUBOIS, manufacturier, rue des Nonnains-d'Hyères, 2.

DUBOIS, sous-chef à la Préfecture de police, rue Sainte-Croix-de-la-Bretonnerie, 21.

DUCHEMIN, chimiste, rue Chanoinesse, 6.

DUFFORT, ancien chef du personnel à la **Préfecture de police**, rue d'Alésia, 62.

DUFORT, ingénieur, boulevard Saint-Michel, 47.

DUFOUR, artiste peintre, rue Saint-Louis, 64.

DUFOUR (J.), rédacteur principal au ministère des Travaux publics, rue Saint-Louis, 64.

DUFRÉNOY, place des Vosges, 23.

DUIVON, représentant de commerce, rue Garancière, 8.

DUJARDIN (V.), faubourg Poissonnière, 115.

DUJARDIN, constructeur d'instruments de précision, rue Pavée, 24.

DUMOUTIER, encadreur, rue de Ponthieu, 66.

DUPEUX, commis d'architecte, rue Lacroix, 39.

DUPRÉ (Mme), institutrice en retraite, rue du Sentier, 78, à Bois-Colombes (Seine).

DURANTE, docteur-médecin, avenue Rapp, 32.

DUROUCHOUX, négociant, rue Saint-Guillaume, 33.

DURU, président de la Chambre syndicale de la mercerie, faubourg Saint-Honoré, 142.

E

ELOY, expert écrivain, rue des Rosiers, 3 *bis*.

EMILE PAUL, éditeur, faubourg Saint-Honoré, 100.

ESCHGER, industriel, rue Saint-Paul, 28.

ESCOURROU, sous-chef de bureau à la Préfecture de la Seine, quai aux Fleurs, 3.

ESPITALIER, rue des Francs-Bourgeois, 28.

ETIENNE CHARLES, rédacteur à *la Liberté*, rue Baudin, 32.

EYBORD, graveur, rue Charlot, 52.

F

FABRE, avocat, rue du Renard, 5.

FAILLIOT, député du IVe arrondissement, rue Sainte-Croix-de-la-Bretonnerie, 37.

FAIVRE, instituteur, rue Jeanne-d'Arc, 30, à Saint-Mandé (Seine).

FAMELART, négociant, rue Ferdinand-Duval, 11.

FARALIK, ecclésiastique, rue du Faubourg-Saint-Martin, 188.

FAU, négociant, rue de Fourcy, 12.

FAURE-BEAULIEU, ingénieur, rue Saint-Didier, 29.

FERRAND, ingénieur, quai de Béthune, 18.

FERRANT, directeur du *Journal du IVe arrondissement*, rue Saint-Merri, 5.

FERROUILLAT, pharmacien, rue de Rivoli, 35.

FETTU, négociant, boulevard Henri-IV, 44.

FITY, entrepreneur de serrurerie, rue de Turbigo, 40.

FLAGEUL, avocat, rue de Ponthieu, 28.

FLANDRIN, sculpteur, quai Bourbon, 15.

FOHR, orfèvre, rue Vieille-du-Temple, 97.

FONTAINE, costumier, boulevard Saint-Michel, 21.

FOUJU, employé de commerce, rue de Rivoli, 33.

FOURNIER, expert-comptable, rue du Roi-de-Sicile, 10.

FOURNIER, docteur-médecin, rue du Pont-Louis-Philippe, 13.

FOURRIER, traducteur-interprète, rue des Archives, 13.

FRISCH (Abbé), curé de Saint-Paul-Saint-Louis, passage Saint-Paul, 7.

FROMAGEOT, avocat, rue de l'Université, 11.

FUNCK-BRENTANO, bibliothécaire à l'Arsenal, rue de Sully, 1.

G

GABILLON, chef de contentieux, boulevard Sébastopol, 94.

GAGNEUR, docteur-médecin, boulevard Morland, 19.

GALLI, conseiller municipal de Paris, rue du Petit-Musc, 20.

GARDY, banquier, boulevard Beaumarchais, 23.

GAULON, boulevard Henri-IV, 44.

GAUTHIER (Abbé), curé de Saint-Gervais, rue de la Verrerie, 34.

GAUTHIER, rédacteur à la direction des services télégraphiques de Paris, quai de l'Hôtel-de-Ville, 60.

GAUTHIER, archiviste aux Archives nationales, quai aux Fleurs, 1.

GAUTIER, avocat, rue de Rivoli, 80.

GAUTIER, membre de l'Institut, place des Vosges, 9.

GENDRE, rentier, rue de Rivoli, 20.

GEORGE, ecclésiastique, rue Charles-V, 15.

GEORGES, agent de publicité, quai de l'Hôtel-de-Ville, 42.

GÉRARD, agent de manufactures, rue des Rosiers, 3.

GÉRARDOT, négociant, rue de la Verrerie, 34.

GÉRAULT, imprimeur, rue Montmorency, 10.

GERMAIN, boulevard Beaumarchais, 30.

GIBAULT, bibliothécaire de la Société nationale d'horticulture, quai Bourbon, 55.

GILLES, adjoint au maire de Bonneuil (S.-et-O.), rue de Rennes, 65.

GILLET, rue d'Arcole, 13.

GIRON, changeur, rue Rambuteau, 67.

GODEFROY, directeur de transports maritimes, rue Parrot, 5.

GONDOUIN, employé à la Préfecture de police, rue Vieille-du-Temple, 12.

GOULÉ, administrateur d'immeubles, rue Saint-Antoine, 119.

GRANGE, négociant, quai d'Orléans, 38.

GRAVEREAUX, avenue de Villars, 4.

GRÉPAT, avocat, rue Sarrette, 27.

GRIGNARD, maître d'armes, place des Vosges, 19.

GRIMAUD, professeur de piano, faubourg Saint-Denis, 226.

GROSWALD, comptable, rue Maubeuge, 39.

GROUSLÉ, avocat, quai d'Orléans, 42.

GRUEL, libraire-relieur, rue Saint-Honoré, 418.

GUILLEMOT, diviseur d'instruments de précision, rue Saint-Louis, 73.

GUTMANN, bijoutier, rue de Rivoli, 74.

GUYOT, représentant de commerce, rue Castex, 10.

H

HALBIQ, chirurgien-dentiste, rue Saint-Antoine, 10.

HARDY, négociant, rue Barbette, 4.

HAROUX, négociant, rue du Figuier, 1.

HARTMANN (G.), négociant, château de Conflans, à Charenton (Seine).

HARTMANN (P.), clerc de notaire, rue Miromesnil, 30.

HAUSER, homme d'affaires, boulevard Sébastopol, 47.

HÉNARD, architecte, rue Saint-Lazare, 58.

HÉNIN, orfèvre, rue des Archives, 77.

HERBET, maire du VIe arrondissement, boulevard Saint-Germain, 127.

HÉRICART DE THURY, industriel, rue de Châteaudun, 6 bis.

HERMANT, architecte de la Ville

de Paris, avenue Mac-Mahon, 19.

HOLLEY, architecte, rue des Tournelles, 43.

HOUÉRY, architecte, rue de la Cerisaie, 25.

HUARD, rue Geoffroy-l'Asnier, 26.

HUBERT DE VAUTIER, négociant, quai Henri-IV, 32.

HURÉ, pharmacien, rue de Jouy, 1.

HYDE, rue Adolphe-Yvon, 18.

I

ICARD-BOËT (Mme), rue Vaneau, 19.

Inspecteur des Travaux historiques de la Ville de Paris, rue de Sévigné, 29.

J

JAMET et BUFFEREAU, experts-comptables, rue de Rivoli, 96.

JARRY, rue Blanche, 62.

JAVEL, publiciste, boulevard de Grenelle, 73.

JOLY, membre des Sociétés savantes, rue du Louvre, 44.

JULLIEN, publiciste, rue Aubriot, 10.

JUVIGNY, entrepreneur de serrurerie, rue Pavée, 22.

K

KOECHLIN, publiciste, quai de Béthune, 32.

L

LABBÉ-SERVEILLE (Mlle), artiste peintre, rue de Rivoli, 39.

LACHERET, pasteur du temple Sainte-Marie, boulevard Saint-Germain, 7.

LACOMBE, trésorier de la Société de l'Histoire de Paris et de l'Ile-de-France, rue de Moscou, 5.

LACROIX, chef de bureau honoraire au ministère de l'Instruction publique, avenue Laumière, 34.

LAFONTAINE (Abbé), curé de Saint-Merry, rue de la Verrerie, 76.

LAGRANGE, secrétaire au Conseil d'Etat, rue Saint-Paul, 5 *bis*.

LAGUERRE, avocat, député, boulevard Magenta, 10.

LA LONGUINIÈRE (Baron DE), rue de Naples, 12.

LAMBEAU, secrétaire de la Commission du vieux Paris, rue des Lions, 19.

LAMBERT, éditeur de musique, faubourg Saint-Martin, 52.

LAMBERT, fabricant de meubles d'art, rue Payenne, 11.

LANGLASSÉ, quai National, 52, à Puteaux (Seine).

LANTUÉJOUL, pharmacien, rue des Carmes, 8.

LAPALUS, chef de bureau retraité de la Préfecture de la Seine, rue de Vaugirard, 291.

LARMÉE, architecte, rue de Rivoli, 20.

LASNIER, pharmacien, rue Michelet, 13.

LASSEZ, rue des Martyrs, 91.

LA TOUR DU VILLARD (Marquis DE), publiciste rue de Rennes, 75.

LA VALLÉE-POUSSIN (DE), consul honoraire, rue de la Ville-l'Evêque, 24.

LE BAS, rue Saint-Florentin, 11.

LE BIS, représentant de commerce, rue des Lions, 2.

LE BLANC, courtier assermenté, boulevard Henri-IV, 3.

LEBRET, architecte, rue Louis-le-Grand, 25.

LEBRETON, maroquinier, rue Bichat, 52.

LECERF, boulevard Flandrin, 8.

LECLÈRE (Mme), professeur honoraire, Hargnies (Ardennes).

LE COMTE, antiquaire, rue Geoffroy-l'Asnier, 22.

LE CORBEILLER, conseiller municipal de Paris, rue de Grenelle, 81.

LEDRESSEUR, représentant de commerce, rue du Louvre, 5.

LEFAURE, rue Étienne-Marcel, 35.

LEFEBRE DES NOËTTES, commandant en retraite, quai Bourbon, 19.

LEGÉNISEL, ingénieur, place des Vosges, 22.

LÉGER, chapelier, rue Saint-Antoine, 13.

LEHUCHER, négociant, rue du Trésor, 9.

LELEU, photograveur, rue Pastourelle, 25.

LEMAIRE, joaillier, rue des Archives, 76.

LEMARCHAND, conseiller municipal de Paris, rue Le-Regrattier, 28.

LEMÉ, rédacteur au ministère des Colonies, rue Froment, 3.

LEMERLE, chanoine, avenue Riondet, à Hyères (Var).

LERALLE, contrôleur à l'Administration du gaz, boulevard Henri-IV, 44.

LESAGE, architecte, place des Vosges, 9.

LESENFANTS, chef de contentieux, rue Nollet, 120.

LE SENNE, bibliophile, boulevard Haussmann, 73.

LESPINE, commissaire de police, rue Vieille-du-Temple, 19.

L'ESPRIT, sous-chef de bureau retraité de la Préfecture de la Seine, avenue d'Orléans, 30.

LEVASSEUR, avocat, boulevard du Palais, 11.

LÉVÊQUE, rue du Prévôt, 4.

LÉVY (Raphaël), rabbin, place des Vosges, 14.

LINARDON, rue des Minimes, 14.

LOICHEMOLLE, marbrier d'art, boulevard Beaumarchais, 37.

LOREAU, fabricant de billards, rue de Turenne, 1.

LOTTE, architecte, boulevard Morland, 19.

LOUAR, artiste dramatique, rue Legendre, 124.

LOUVRIER, rue Lesdiguières, 6.

LUCK, rue Saint-Paul, 5 *bis*.

LUIZARD, constructeur d'instruments pour les sciences, rue du Cloître-Notre-Dame, 14.

M

MAGASIN PITTORESQUE, rue de Tournon, 8.

MAIGROT DE CRISSEY (comte), quai d'Orléans, 30.

MAIRE, bibliothécaire à la Sorbonne, rue de Jussieu, 15.

MALAQUIN (Mme), rue Agrippa-d'Aubigné, 2.

MALARD, négociant, rue Pavée, 11.

MALBEC, docteur-médecin, rue de Rivoli, 14.

MALHERBE, vicaire à Saint-Gervais, rue des Barres, 13.

MALLEVOÜE (DE), publiciste, rue de Verneuil, 22.

MANDELBAUM, négociant, rue du Temple, 52.

MANGEARD, pharmacien, rue du Temple, 26.

MARCHAL, commis principal à la Préfecture de la Seine, place Baudoyer, 2.

MAREUSE, président de la Société historique du VIIIe, boulevard Haussmann, 81.

MARGUERITE, quai de la Mégisserie, 14.

MARIANVALLE, négociant, rue Saint-Martin, 101.

MARTIN, chocolatier, boulevard Henri-IV, 6.

MARTIN, architecte, quai des Célestins, 12.

MARTIN (Henry), administrateur de la bibliothèque de l'Arsenal, rue de Sully, 1.

MARTY, publiciste, rue Duroc, 24.

MASCAUX, avenue Victoria, 14.

MASSON, bibliothécaire-archiviste, rue Madame, 36.

MASSON, calculateur au bureau des Longitudes, rue de Turenne, 2.

Matray, ingénieur, boulevard Henri-IV, 31.

Maussang, vérificateur en bâtiments, Villa Cœur-de-Vey,54, avenue d'Orléans.

May, négociant, place des Vosges, 11.

Mazand, secrétaire général du syndicat de l'épicerie, rue du Renard, 32.

Mentienne, Bry-sur-Marne(Seine)

Mercier, cartonnier, rue du Temple, 39.

Métayer, industriel, rue Saint-Antoine, 135.

Mettétal, industriel, rue Beau-treillis, 19.

Meunier (Francis), directeur de l'école des Francs-Bourgeois, rue Saint-Antoine, 21.

Mézan de Malartic, directeur de compagnie d'assurances, boulevard Beaumarchais, 5.

Michaux, docteur-médecin, quai Bourbon, 19.

Michel, représentant de commerce, rue Geoffroy-l'Asnier, 28.

Miguet, publiciste, boulevard Henri-IV, 1.

Milhau, négociant, rue Saint-Antoine, 68.

Miltgen, architecte, boulevard Henri-IV, 32.

Minard, maître de chapelle, rue de Rivoli, 28.

Missillier, négociant, rue de Rambuteau, 57.

Moëbs, publiciste, boulevard Bourbon, 33 *bis*.

Mont-de-Piété, rue des Francs-Bourgeois.

Mocquet Lesage, négociant, rue Saint-Gilles, 7.

Morel, architecte, rue Saint-Martin, 5.

Morel d'Ableux, notaire honoraire, avenue de l'Opéra 13.

Morel d'Arleux, notaire, rue du Renard, 5.

Morillon, industriel, boulevard Henri-IV, 43.

Mosnier, négociant, rue des Bons-Enfants, 13, à Montgeron (S.-et-O.)

Mougin, docteur-médecin, boulevard de la Bastille, 46.

Mounier, imprimeur, rue du Plâtre, 1.

Moussinac, secrétaire général du syndicat pour l'amélioration des transports, rue du Roi-de-Sicile, 54.

Moutaillier, imprimeur, rue de l'Arsenal, 13.

Moyne, homme de lettres, avenue Victoria, 11.

Mugnier, ancien magistrat, Virieu-le-Grade (Ain).

Muraire, pharmacien, rue des Francs-Bourgeois, 41.

Murat, bijoutier, rue des Archives, 62.

Musée Carnavalet, rue de Sévigné, 23.

N

Naulot, négociant, rue Saint-Antoine, 131.

Nicaise, rue de Rivoli, 3.

Nicolle, rue des Marais, 40.

Nicoud, comptable, quai des Célestins, 18.

Nicoud, employé de commerce, rue du Cherche-Midi, 47.

Niepce, inspecteur général des Forêts, avenue Percier, 10.

Nitot, pharmacien, rue Chanoinesse, 6.

Nocq, artiste graveur, quai Bourbon, 29.

Noël, artiste dramatique, rue de la Verrerie, 78.

Normand (Comte), avenue Élysée-Reclus, 23.

Norroy, directeur des magasins de la Tour Saint-Jacques, rue de Rivoli, 88.

Noyer, premier vicaire à Saint-Gervais, boulevard Henri-IV, 2.

NUIDAN, gérant de commerce, rue Saint-Martin, 123.

O

ODINET, docteur-médecin, rue Saint-Martin, 7.

OLLIVIER, avocat, rue de Seine, 13.

P

PAGÈS, industriel, boulevard Henri-IV, 34.

PAGÈS (Victor) commissaire-répartiteur, 87, avenue de Villiers.

PALADE-BONNAL, artiste peintre, rue Saint-Antoine, 10.

PARAIRE, sous-caissier de la Caisse d'Épargne de Paris, quai Bourbon, 53.

PARDON, négociant, boulevard Henri-IV, 42.

PARFAIT-PRADELLE (Mme), rue Lafontaine, 14.

PAYMAL (Mme), quai de Béthune, 18.

PELISSE, conseiller de préfecture, rue François-Ponsard, 4.

PELISSE, docteur-médecin, boulevard Henri-IV, 49.

PERDREAU, négociant, r. Dante, 4.

PERRIN, économe du Palais de justice, Palais de justice.

PESSARD, publiciste, rue Sainte-Anne, 50.

PEYTOUREAU, membre du conseil de la Chambre syndicale de la marbrerie, rue de la Roquette, 177.

PFAFF, manufacturier, boulevard Sébastopol, 121.

PHILIPPOT, notaire, rue Saint-Antoine, 10.

PICARD, docteur-médecin, rue de Rivoli, 24.

PICARD, vice-président du Syndicat de la coutellerie, rue de Rivoli, 68.

PICHON, sénateur, quai de Béthune, 18.

PICOT, commissaire de police, quai de Gesvres, 16.

PICOT, docteur-médecin, rue Saint-Antoine, 111.

PIERRON, comptable, rue Fessart, 38.

PILLET, ingénieur chimiste, rue Saint-Merri, 16.

PILMYER, chirurgien-dentiste, quai du Marché-Neuf, 6.

PINOT, entrepreneur de maçonnerie, rue Agrippa-d'Aubigné, 3.

PINOT, entrepreneur de maçonnerie, rue Mornay, 4.

PINTEAU, négociant, rue Turbigo, 52.

PISANI, chanoine, quai Montebello, 13.

PITTE (Mme), lapidaire, rue Saint-Antoine, 1.

POËTE, inspecteur des travaux historiques de la Ville de Paris, rue Sévigné, 29.

POLLET, orfèvre d'art, rue du Renard, 34.

POLLIN, comptable, rue Geffroy-l'Asnier, 38.

POUSSET, archiprêtre de Notre-Dame-de-Paris, place du Parvis-Notre-Dame.

PRÉAUD, architecte, rue Beautreillis, 6.

PRÉFET DE POLICE, boulevard du Palais, 7.

PRÉFET DE LA SEINE, Hôtel de Ville.

PRIEUR, place des Vosges, 1.

PRIEUR, négociant, rue des Tournelles, 43.

PRÉGNAUD, architecte, rue de Rivoli, 10.

PRUNIER, négociant, avenue Victoria, 6.

PRUNIER, brossier, rue Geoffroy-Langevin, 17.

Q

QUANTIN, négociant, rue Malher, 20.

QUÉNOT, voyageur de commerce, rue de Moussy, 11.

QUENTIN, critique dramatique, passage Saint-Paul, 5.

QUILLIER, docteur-médecin, quai aux Fleurs, 3 *bis*.

R

RAGOT, horticulteur, rue d'Arcole, 13.

RAMBAUD, docteur-médecin, boulevard Sébastopol, 16.

RAUBER (Mme), inspectrice honoraire de l'enseignement primaire, rue Lacépède, 7.

RAUX, libraire, rue Saint-Antoine, 59.

RAVERAT, entrepreneur de maçonnerie, rue de l'Hôtel-de-Ville, 84.

REGNAULT, rue de Châteaudun, 33.

RENARD, négociant, rue Saint-Antoine, 80.

REY, ancien président de la Société de l'Histoire de Paris, rue Sainte-Cécile, 8.

REY, archiviste de la Préfecture de police, rue Mornay, 5.

RICBOURG, négociant, ancien adjoint au maire du IVe, rue de Rivoli, 48 *bis*.

RICHARDOT, fabricant d'étalages, rue des Archives, 75.

RIGEL, représentant de commerce, rue de Beaune, 5.

RIOTOR, publiciste, quai de Béthune, 26.

RIVIÈRE, directeur à l'École des Hautes Études au Collège de France, boulevard de Strasbourg, 2, à Boulogne-sur-Seine (Seine).

RIVIÈRE, négociant, rue Saint-Martin, 11.

ROCHEGUDE (Marquis DE), avenue Carnot, 15.

ROGIER, docteur-médecin, rue Soufflot, 20.

ROHAIS, pharmacien, rue des Lions, 2.

RONDOT, boulevard Diderot, 103.

RONSSERAY, ancien négociant, rue de l'Orphelinat, 29, à Meudon (Seine-et-Oise).

ROQUES, commandant retraité, Villa du Jardin-Lamalgue, Le Mourillon, à Toulon (Var).

ROQUES, professeur de musique, rue Saint-Antoine, 30.

ROUGET, directeur de l'École primaire, rue du Renard, 21.

ROULAND, industriel, rue de Calais, 22.

ROUQUETTE, représentant de commerce, rue Saint-Louis, 1 *bis*.

ROUSSEAU, chef de service à l'Assistance publique, rue de Rivoli, 8.

ROUSSY, maire-adjoint du IVe arrondissement de Paris, quai Henri-IV, 38.

ROZIS, représentant de commerce, rue des Rosiers, 3 *ter*.

RUEY, huissier-audiencier, rue du Pont-Louis-Philippe, 8.

S

SABATIER, pharmacien, rue des Archives, 9.

SAFFRAY, avoué honoraire, 53, avenue de Versailles, à Saint-Cloud (Seine-et-Oise).

SAINT-GERMAIN, négociant, rue Pavée, 21.

SÉDILOT (Abbé), curé de Sainte-Elisabeth-du-Temple, boulevard du Temple, 10.

SEIGNEURIE, directeur du journal *l'Épicier*, rue de la Verrerie, 34.

SELLIER, archiviste, rue Saint-Louis-en-l'Ile, 5.

SIMON (Henri), rue du Cloître-Notre-Dame, 4.

SIRMAIN, rue Ferdinand-Duval, 11.

SOCHARD, négociant, rue de l'Ave-Maria, 2.

SOULÈS, rue de Phalsbourg, 16.

SPIECEL, publiciste, rue Malher, 20.

STIRLING, employé à la Préfecture de la Seine, place des Vosges, 22.

SYNDICAT DE LA BOULANGERIE, quai d'Anjou, 7.

T

TARIDE, éditeur, boulevard Saint-Denis, 18.

TAUSEND, publiciste, quai des Célestins, 40.

TEILLAC, négociant.

TEINTURIER, négociant, faubourg Saint-Martin, 95.

TENENTI, négociant, rue Boissy-d'Anglas, 39.

THIÉBLEMONT, juge de paix, La Ferté-Allais (Seine-et-Oise).

THURION, jurisconsulte, rue du Pont-Louis-Philippe, 19.

THORLET, archiviste honoraire de la Préfecture de la Seine, rue des Écoles, 6 *bis*.

THOUARD, négociant, rue des Francs-Bourgeois, 41.

TINTHOIN, architecte, boulevard Morland, 4.

TORNÉRY (DE), docteur-médecin, rue de Turenne, 84.

TOULOUSE, fabricant de bronzes, rue Beautreillis, 10.

TOURNEUX, homme de lettres, quai de Béthune, 34.

TRICAUD, avoué honoraire, 10, rue de la Terrasse.

TRIMOUILLAT, homme de lettres, rue Chanoinesse, 10.

TRUFFAUT, expert-comptable, rue Malher, 11.

TRUSSON, entrepreneur de travaux publics, rue Jenner, 56.

TUAL, commissaire-priseur, rue d'Aumale, 19.

TUETEY, archiviste, quai Bourbon, 45.

TUMBEUF, trésorier de la Société du Vieux papier, avenue Mal-

vesin, 10, à Bécon-les-Bruyères (Seine).

U

UDRON, comptable, rue de Rivoli, 88.

ULRICH, employé de commerce, rue de Sévigné, 13.

V

VALENTIN, tapissier, rue Saint-Honoré, 372.

VALLERY-RADOT (René), homme de lettres, rue Saint-Dominique, 3.

VALLES (Vicomte DE), conseiller à la Cour, quai d'Orléans, 14.

VALLET, photographe industriel, rue des Filles-du-Calvaire, 7 et 9.

VALTIER, marchand grainier, rue Saint-Martin, 2.

VERGIER (Mme DU), rue des Lions, 10.

VERMOREL, docteur-médecin, rue de Rivoli, 16.

VERT, imprimeur, boulevard Henri-IV, 44.

VIGNERON, suppléant du juge de Paix du IVe arrondissement, avenue Trudaine, 43.

VIGNES, sous-caissier de la Caisse d'Epargne, rue Castex, 8.

VILLEJEAN, pharmacien en chef de l'Hôtel-Dieu, Hôtel-Dieu.

VILLEMONT (Comte DE), quai Debilly, 6.

VILLIERS (DE), négociant, rue de Rivoli, 20.

VIMONT, docteur-médecin, rue Etienne-Marcel, 8.

VINCK (Baron DE), ministre plénipotentiaire, rue de Presbourg, 12.

VIREY, docteur-médecin, rue Saint-Merri, 12.

VISCONTI DE MARCIGNANO (Comte), Inzago (Milano), Italie.

VIVAREZ, président de la Société

du Vieux Papier, rue de
Berne, 12.

Vocoret, négociant, rue du Pont-
Louis-Philippe, 5.

Vuaflard, secrétaire de la Société d'Iconographie parisienne, rue Spontini, 16.

Vuillaume, publiciste, avenue
Lamotte-Picquet, 5.

W

Waser, architecte, place Voltaire, 6.

Weber, pasteur, place Voltaire,
3.

Wimphen, industriel, rue de la
Verrerie, 34.

Woirhaye, avocat, rue Gabrielle,
32 *ter*, à Charenton (Seine).

Wormser, rue d'Amsterdam, 104.

Y

Yvon, docteur-médecin, place de
la Bastille, 7.

Yvonnet, ornementiste, rue Beautreillis, 9.

Z

Zwierzinski, photographe, rue
de Rivoli, 33.

IMP. JOUVE ET Cie, 15, RUE RACINE, PARIS — 1247-12

LA CITÉ

Société d'études historiques et archéologiques
des III· et IV· Arrondissements de Paris

La Société a été fondée en 1901 pour s'occuper tout d'abord des questions historiques intéressant le IVe arrondissement. Par suite, elle a étendu le cercle de ses études aux quartiers du IIIe arrondissement.

Bureau de la Société

Présidents : M. Henry Martin, administrateur de la Bibliothèque de l'Arsenal. — *Vice-présidents :* M. Georges Hartmann, membre du Comité des Inscriptions parisiennes ; M. Lucien Lambeau, secrétaire de la Commission du Vieux Paris. — *Secrétaire général :* M. Albert Callet, publiciste. — *Secrétaire :* M. Paul Hartmann. — *Archiviste :* M. A. L'Esprit. — *Trésorier :* M. Marchal.

Principaux Collaborateurs

MM. Alcanter de Brahm, Augé de Lassus, E. Beaurepaire, Albert Callet, Paul d'Estrée, Ph. Dufour, Funck-Brentano, M.-H. Fucore, M. Gauthier, Georges et Paul Hartmann, Lucien Lambeau, A. L'Esprit, Henry Martin, Piton, Marcel Poëte, Léon Riotor, Ch. Sellier, Van Geluwe.

Bulletins

Les bulletins de la Société paraissent régulièrement à chaque trimestre, contiennent plus de cent pages, chacun, d'articles variés, de documents inédits, et de nombreuses illustrations d'après des estampes anciennes.

Cotisations

Les sociétaires acquittent une cotisation de 6 francs par an, reçoivent les bulletins et prennent part aux conférences et aux visites de monuments organisées par le Comité de la Société.

Adhésions

Les adhésions sont reçues chez M. Marchal, trésorier, bureau militaire, à la mairie du IV· arrondissement (entresol, escalier A), place Baudoyer, 2, Paris.

FLVCTVAT NEC MERGITVR